科学传播人才培养译丛

王康友　钟　琦　主编

有效的科学传播

研究议程

〔美〕美国国家科学院、工程院和医学院◎著

王大鹏◎译

李正风　钟　琦◎审译

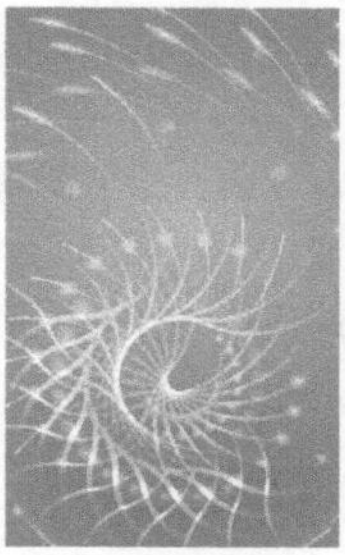

Communicating Science Effectively

A Research Agenda

科学出版社

北　京

图字：01-2017-7938 号

图书在版编目(CIP)数据

有效的科学传播：研究议程 / 美国国家科学院、工程院和医学院著；王大鹏译. —北京：科学出版社，2019.1
（科学传播人才培养译丛 / 王康友，钟琦主编）
书名原文: Communicating Science Effectively: A Research Agenda
ISBN 978-7-03-059376-4

Ⅰ. ①有… Ⅱ. ①美… ②王… Ⅲ. ①科学技术—传播学—研究 Ⅳ. ①G206.2

中国版本图书馆 CIP 数据核字（2018）第251614号

责任编辑：张 莉 / 责任校对：邹慧卿
责任印制：徐晓晨 / 封面设计：有道文化
编辑部电话：010-64035853
E-mail:houjunlin@mail. sciencep.com

科学出版社出版
北京东黄城根北街 16 号
邮政编码：100717
http://www.sciencep.com
北京建宏印刷有限公司 印刷
科学出版社发行 各地新华书店经销
*
2019 年 1 月第 一 版 开本：720 × 1000 1/16
2019 年 6 月第二次印刷 印张：10 3/4
字数：160 000
定价：68.00元
（如有印装质量问题，我社负责调换）

机构介绍

美国国家科学院

1863年林肯总统签署《国会法案》，美国国家科学院由此成立，该科学院为非政府机构，就科学和技术相关问题提供咨询服务与建议。会员由同行选出，以表彰他们对科学研究的杰出贡献。现任院长为玛西娅·麦克纳特（Marcia K. McNutt）博士。

美国国家工程院

成立于1964年，隶属于美国国家科学院，致力于为国家提供工程实践建议。会员由同行选举出做出杰出工程贡献的人担任，现任院长为丹尼尔·摩特（C. Daniel Mote）博士。

美国国家医学院

原医学研究所，成立于1970年，根据美国国家科学院的章程，就医学和公共卫生问题为国家提供建议。会员由同行选出，以表彰他们对医学和公共卫生的杰出贡献。现任院长为曹文凯（Victor J. Dzau）博士。

以上三院合称为美国国家科学院、工程院和医学院。他们为国家提供独立、客观的分析和建议，并开展其他活动来解决复杂问题，并为公共政策决策提供帮助。这三个研究院还鼓励教育和科学研究，对在知识方面做出的杰出贡献予以认可，并致力于增进公众对科学、工程和医学方面的理解。

更多有关美国国家科学院、工程院和医学院的信息请访问：www.national-academies.org。更多活动信息，请访问：nationalacademies.org/whatwedo。

科学传播学委员会成员

艾伦·莱什纳（Alan Leshner，主席），美国科学促进会

迪特拉姆·朔伊费勒（Dietram Scheufele，副主席），威斯康星大学麦迪逊分校生命科学传播学院

安·博斯特罗姆（Ann Bostrom），华盛顿大学丹尼尔·埃文斯公共政策与管理学院

万迪·德·布鲁因（Wändi Bruine de Bruin），英国利兹大学商学院，卡内基–梅隆大学工程与公共政策学院

凯伦·库克（Karen Cook），斯坦福大学社会学系

托马斯·迪亚兹（Thomas Dietz），密歇根州立大学社会学、环境科学与政策学院

威廉·霍尔曼（William Hallman），罗格斯大学人类生态学院

杰弗里·赫尼格（Jeffrey R. Henig），哥伦比亚大学社会政治与教育学院

罗伯特·霍尼克（Robert Hornik），宾夕法尼亚大学安纳伯格传播学院

安德鲁·梅纳德（Andrew Maynard），亚利桑那州立大学社会创新学院

马修·尼斯比特（Matthew Nisbet），美国东北大学传播学系

艾伦·彼得斯（Ellen M. Peters），俄亥俄州立大学心理学系

西尔维亚·罗薇（Sylvia Rowe），SR 战略主席，塔夫茨大学科学与政策学院

梅丽莎·韦尔奇-罗斯（Melissa Welch-Ross），研究主任

霍利·罗兹（Holly Rhodes），项目主管

艾米丽·巴克斯（Emily Backes），项目副主管

利蒂西娅·格林（Leticia Garcilazo Green），项目助理

总　序

科普人才是指具备一定科学素质和科普专业技能、从事科普实践并进行创造性劳动、做出积极贡献的劳动者，是我国科技人才的重要组成部分。随着国家“十三五”规划的全面实施，公民科学素质建设进入跨越式发展的新时代。科普事业迎来了为建设世界科技强国服务的重要战略机遇期，也迎来了创新攻坚转型升级的关键窗口期，对有担当、宽视野、高技能的科普人才需求更为迫切。科普人才成为科普事业发展和公民科学素质建设的重要支撑和基本要素。

中国科学技术协会是全民科学素质行动计划纲要实施工作牵头部门，也是实施“科普人才建设工程”的第一牵头单位。为贯彻落实《国家中长期人才发展规划纲要（2010—2020年）》的部署，深入实施《全民科学素质行动计划纲要（2006—2010—2020年）》，进一步推动全国科普人才队伍的建设和发展，中国科学技术协会组织制定了《中国科协科普人才发展规划纲要（2010—2020年）》，并提出目标：到2020年，培养和造就一支规模适度、结构优化、素质优良的科普人才队伍。科普人才总量至少比2010年翻一番，整体素质明显提高，结构明显优化，地区布局、行业布局趋于合理；建设形成一批科普人才培养和培训基地，建立健全有利于科普人才队伍建设和发展的体制与机制。到2020年，全国科普人才总量达到400万人。

为了更好地实现这一目标，中国科普研究所成立课题组，组织引进和翻译了“科学传播人才培养译丛”。从世界范围来看，美国、英国、澳大利亚等国家的科学传播专业教育发展历史较长，形成了相对较为完善的人才培养体系。其中又以澳大利亚的科学传播实践背景及其在国家科技政策中的定位与中国的情况较为相近，其学科建制和教学体系对我国的科学传播专业发展有很强的借鉴意义。课题组第一阶段择优翻译出版4本著作，分别为《科学传播：文化、身份认同与公民权利》《有效的科学传播：研究议程》《科学和参与科学技术：议题与困境》《科学传播的理论与实践》，推荐给国内科学传播专业师生作为教学读物，也为科普研究、教育和实践机构提供培训教材的选择。

科普人才培养任重而道远，中国科普研究所将加强国际交流，在全球范围内深入探讨科学传播人才培养方案和课程设置，并不断引进各国优秀科学传播专著和教材。同时，也欢迎本领域各位专家、同人向课题组推荐优秀书目，共同助力我国科普人才培养。

王康友

2018年10月

译 者 序

只有被传播的科学才是完成了的科学，但针对科学进行的传播并不是一帆风顺的，它需要有理论的指导，同时不同的个体、群体和机构都在进行着科学传播，而在他们的视野中，科学传播的界定可能是不尽相同的。因而有必要为科学传播建立系统的理论，并且厘清科学传播中面临的重大问题和挑战，这不仅有利于科学传播的顺畅开展，更有助于为科学传播这个学科的建设奠定必要的基础。

正是基于这种考虑，由美国国家科学院、工程院和医学院根据其组织召开的两次科学传播学研讨会，并邀请各方专家共同起草了这份呈现在读者面前的科学传播的研究议程。

我们需要承认的是，科学传播是一个跨领域的议题，不仅因为传播科学的主体多元，受众多元，还因为它涉及不同的学科，传播的渠道也异常多元，因而科学传播需要面临的是一个复杂、多元且不断变迁的情境。而在对科学进行传播的过程中，不同的研究人员可能会提出不同的模型或者范式，而实际上这些总结出来的“样板”可能只适用于某些阶段或者某些情境，可以说其中曝光率最高的就是“缺失模型”，但正如这个模型本身所用的“缺失”（deficit）一词所表明的那样，它也是存在缺陷的（deficit 本身也有“缺陷”的含义）。此外，科学传播也涉及一系列伦理问题，尤其是在对同科学相关的争议性议题进行传播之时，对科学进行传播的复杂性就愈发明显和严重。

因为上述种种考虑，在对召开的两次科学传播学研讨会和各种既有文献进行总结的基础上，本书触及了科学传播的一些本质性问题，或者说为将来的科学传播研究者和从业者提出了可供他们开展后续工作的议程。

第一，科学传播需要科学来指导和改善。科学传播从业者和科学传播目标的多元性都要求我们在传播科学时对这种多元性加以考虑，当前伦理方面的考量也是必不可少的。同时，如前所述，对科学传播的模型进行分析和梳理也应该是本书在陈述其他方面的内容之前必须处理的一个议题。

第二，科学传播是一个动态的过程，其间充满着各种复杂性，包括不同的人对科学信息的需求是存在差异的，“甲之蜜糖，乙之砒霜”。而随着科学的影响不断地渗入日常生活的各个方面，公众参与科学的需求也在日渐高涨，这进一步增加了科学传播的复杂性，而让公众尽早地参与到科学传播的过程之中，有助于改善科学传播以及降低与之相关的复杂性。同时，这种复杂性还体现在人们不能只是依靠科学知识来进行决策，其他需要考虑的因素还包括信仰、价值观、既有知识等，因而公众在解读科学和利用科学信息时会采用一定的心理捷径，这也会在一定程度上让科学传播的效果大打折扣，因而在科学传播方面框架的作用不应该被忽视。与此同时，本书还关注到科学传播与信任的问题，分析了会左右科学传播结果与信任相关的一些因素。

第三，相较于其他社会力量，科学的作用在日渐加大，这也在一定程度上会导致与科学相关的争议的出现，因而本书以专章谈及科学相关公共争议的本质。其中涉及信仰、价值观和利益冲突的问题，个人的信仰和价值观会影响他们开展和接受科学传播的程度，也会让对科学的不确定性进行传播面临挑战。比如，不确定性包括科学本身的不确定性，也包括其他因素导致的科学传播的不确定性。而争议性议题往往是关乎科学传播的不确定性的典型案例，比如纳米技术、生物技术、信息技术和气候变化。

第四，科学传播必然需要一定的媒介才能发挥作用，但是当前的媒介环境是复杂且充满竞争的，因而有必要对科学新闻或者说科学传播的媒介环境进行深入的考察。本书第四章重点分析了科学传播的媒介渠道，包括主流媒体、社交网络、博客等。

第五，科学传播是一项系统工程，也是世界各国普遍面临的一个议题，这就需要我们用系统方法来指导科学传播的实践，对科学传播的有效性进行评估等。除了对前述章节进行总结之外，本书最后一章还提出了一系列有待继续研究的问题，其宗旨就在于建立合乎逻辑的科学传播研究事业。

科学传播是理论与实践并重的，通过理论来指导实践，同时也应该对实践经验进行总结，以形成指导后续实践的一些理论。但是我们也注意到，科学传播仍然很“年轻”，因而有一系列议题需要去解决，有些是大方向的，有些是小细节的，此时我们似乎有必要“抓大放小”，找准科学传播的基调，厘清科学传播发展的脉络，并且推动其向着符合预期的方向发展。就此而论，本书确实为科学传播从业者和研究者提供了一份有据可查的议程，它也可以成为一份启发我们不断深入思考科学传播问题的参考性文本。

译　者

2018年11月7日

前　言

科学和技术的进步极大地改善了全球人类的生活质量与健康状况，并且各项指标也都表明，在未来漫长的岁月里它还将继续发挥这样的作用。公众通常高度尊重科学家和他们的工作，认可科学和技术的贡献，并且科学和技术也从巨大的财政支持和其他形式的公众支持方面获益良多。当然，科学和社会的关系多年来出现了重大的动荡，在这方面也有很多例子，通常是当科学发现与宗教信仰、人类核心价值观及根深蒂固的观点相冲突之时，或者是当新兴科学提出了科学自身无法回答的伦理问题或政治问题之时。然而，总体来看，这是一种积极的关系。科学和社会之间这种密切的、互利互助的关系为科学家和技术专家（同时他们也是公民）赋予了与更广泛的公众共享其研究成果的责任，以便公众可以尽快地从中获益。

然而，向公众有效地传播科学要比所预料的困难得多。人们对科学进行传播的原因有很多种，在科学信息上不存在单一的受众，并且围绕着不同科学议题的社会情境也非常不同，需要对传播方法进行调整以反映普遍情况。此外，科学方法的复杂性及科学取得进展的方式也让向公众传播科学变得困难重重。当被探讨的议题涉及在科学的社会意义上来说存在争议的某个领域时，或者当科学共同体内对某种发现存在着巨大分歧之时，这种挑战就会变得更加严峻。幸运的是，越来越多的科学证据有助于形成在不同情境下对公众进行传播的最有效方式，并且越来越多的组织正在致力于帮助科学家获得必要的传播技能。本书审查了有关科学传播的有效方法的证据，并且提出了一个议程以对本领域未来的研究提供指导。提出这个研究议程的目的是，让科学传播从业者及对科学传播进行研究的人可以从中获益。

在审查科学传播的科学文献方面，我们非常感谢美国国家科学院、工程院和医学院（National Academies of Sciences, Engineering, and Medicine）科学传播学委员会（Committee on the Science of Science Communication）的同事们的奉献、专业知识、辛勤劳动和智慧，同时也感谢他们在本书所呈现的研究议程上所付出的努力。我们还从“致谢”中所提及的人的奉献精神、专业技能和辛勤工作方面受益良多。

主席　艾伦·莱什纳

副主席　迪特拉姆·朔伊费勒

致　谢

科学传播学委员会在此感谢本项研究的资助方：宝来惠康基金、丽塔·艾伦基金会气候中心、戈登和贝蒂·摩尔基金会、大卫和露西尔·帕卡德基金会、休利特基金会。

在研究的过程中，科学传播学委员会从参与两次科学传播学公开会议的若干个人的讨论和报告中获益匪浅。第一次会议于 2015 年 12 月 17～18 日召开，我们要感谢伊丽莎白·克里斯托弗森（丽塔·艾伦基金会），保罗·汉勒（气候中心），查德·英格利希（帕卡德基金会），杰罗尔德·布希博格（加利福尼亚大学戴维斯医学院），科妮莉亚·迪安（《纽约时报》、布朗大学），理查德·哈里斯（美国国家公共广播电台），布鲁克·史密斯（公众理解科学委员会），巴鲁克·费斯科霍夫（卡内基–梅隆大学），布鲁斯·莱温斯坦（康奈尔大学），亚瑟·卢皮亚（密歇根大学）。第二次会议于 2016 年 2 月 24～25 日召开，我们要感谢塞斯·姆努金（麻省理工学院），诺埃尔·布鲁尔（北卡罗来纳大学教堂山分校），埃德·梅巴克（乔治·梅森大学），鲍勃·英格利斯（RepublicEn），布赖恩·贝尔德（4Pir2 传播公司），丹尼尔·沙尔威兹（亚利桑那州立大学），拉什·霍尔特（美国科学促进会），多米尼克·布罗萨德（威斯康星大学麦迪逊分校），诺什·康特拉克特（西北大学）以及希尔达·巴斯琴（美国国家生物技术信息中心、美国国立卫生研究院）。

科学传播学委员会赞赏国家科学院、工程院和医学院的员工对本研究的贡献及他们对本书的筹备所做的重要贡献，他们是梅丽莎·韦尔奇–罗斯、霍利·罗兹、艾米丽·巴克斯、利蒂西娅·格林。我们感谢为科学传播学委员会草案文本的起草做出贡献的戴维·贝雷比，以及为本书的编辑提供了宝贵的帮助的罗纳·布里埃。

本书根据审查者的多元视角和技术专长遴选了一些个人，以对本书的草稿进行审查。这个独立审查的目的是提供坦诚且具有批评性的意见，以让本机构出版的报告尽可能合理，以及确保本书满足这项研究所赋予的客观性、证据、回应性的机构标准。为了保护审议过程的完整性，审查意见和手稿仍然是保密的。

我们感谢下列人员对本报告进行了审查：阿拉巴马大学伯明翰分校能源系办公室兼公共卫生学院院长办公室的戴维·B. 艾利森；加利福尼亚大学圣巴巴拉分校能源效率研究所的戴维·奥斯顿；密歇根州立大学公共关系系的约翰·C. 贝斯利；美国能源部科学办公室传播与公共事务处的里克·E. 博切尔特；威斯康星大学麦迪逊分校生命科学传播学院的多米尼克·布罗萨德；西北大学政治科学系的詹姆斯·M. 德鲁克曼；麦克马斯特大学卫生信息研究部的R. 布赖恩·海恩斯；康奈尔大学传播学系的布鲁斯·V. 卢恩斯坦；明尼苏达大学新闻与大众传播学院的丽贝卡·纳格勒；乔治·华盛顿大学梅肯研究院公共卫生学院预防和社区卫生系的拉吉夫·N. 里马尔；俄勒冈州波特兰市公众理解科学委员会的布鲁克·史密斯；普林斯顿大学能源和环境系、心理学系和公共事务办公室的埃尔克·U. 韦伯。

虽然上述审稿专家提供了很多有建设性的评论和建议，但是并未要求他们核准本书的结论，并且在本书出版之前，他们也没有看到过最终版。本书的评审工作由匹兹堡大学学习研究与发展中心的艾伦·莱斯古德和伊利诺伊大学厄巴纳–香槟分校昆虫学系的梅·R. 贝伦鲍姆负责。他们确保按照规章程序对本书开展独立的审查，认真地考虑所有的评审意见。本书的授权委员会和机构对本书的最终内容完全负责。

目　　录

概述

实际上，科学和技术融入了现代生活的各个方面。因而，在做出重要人生抉择的时候，人们越来越需要把来自于科学的信息同他们的个人价值观和其他考虑整合起来，比如，是否让孩子接种疫苗或享受其他医疗服务，判断食品的安全问题，如何应对气候变化，以及很多其他议题。然而，有效地对科学进行传播是一项复杂的任务，也是一项需要学习的技能。此外，对特定受众和情境最有效地传播科学的方法通常都不是十分明显的。幸运的是，来自不同学科的日益扩大的科学基础可以支持科学传播者做出这些决定。

本书旨在为那些试图利用这种研究并弥补如何有效地传播科学上存在的知识空白的科学传播人员和研究者提供一个研究议程，并特别侧重于在公共领域具有争议性的议题。这方面的例子包括气候变化、干细胞、纳米技术、疫苗、水力压裂、转基因生物、核能、肥胖、教育政策、在中小学及学前教育中教授进化论和气候变化。为了形成这个研究议程，在如何理解、认识和使用与这些议题相关的科学时，科学传播学委员会试图确定一些重要的影响因素——心理学的、经济的、政治的、社会的、文化的及与媒体相关的。为实现上述目标，科学传播在这里被界定为：为了实现一种目标或目的，而对有关科学的信息和观点进行交流，比如更好地促进对科学和科学方法的理解，或者在与科学相关的争议性议题方面更深入地理解不同公众的观点和关切。

一、跨领域议题

如果要对科学进行有效的传播，那么，每种社会关切所牵涉的独特议题都应该予以考虑，但是有些议题是贯穿于所有的科学传播之中的。

1. 使目标与正确的传播方法相一致

对科学进行传播的最有效方法取决于传播者的目标。科学传播学委员会找出了传播科学的 5 个目标，每个目标都对科学传播者及其受众的知识和技能提出了不同的需求，并且实现每个目标都需要自己独特的方法。

（1）单纯地分享科学成果和激情。

（2）把增加对科学的欣赏作为理解和存在于现代世界的一种有用方法。这个目标假设，拥有更多科学知识且对科学感到更满意的人会更愿意且能够在他们的日常生活中利用来自于科学的知识。该假设还没有得到充分验证。

（3）增加对与具体议题相关的科学的知识和理解。在这种情况下，传播者可能试图告知或教育公众来自于科学的相关事实及这些事实对该议题的意义。

（4）影响人们的观点、行为和政策偏好。当证据的重要性明显地表明，某些选择或政策对公众健康、公共安全或其他社会关切具有更为积极的结果时，这个目标就变得明显起来。

（5）让多元的群体参与，以便在为影响每个人的社会问题寻求解决方案时，可以考虑他们对与重要社会议题相关的科学的看法。这个目标的实现需要理解每个群体的关切，并与之通力合作来找到可接受的解决方案，比如发现科学家应该深入考察的重要研究问题。

鉴于这种目标的多元性，我们需要开展的一项主要研究工作就是帮助科学传播者选择最匹配其特定目标的方法。此外，重要的是，要强调科学传播通常是为了实现更大的目标，这个更大的目标超越了对科学本身的讨论，比如，影响健康行为或促进特定的政策选择。在这些情况下，这可能意味着不仅仅是简单地传播那些可能在实现这些目标方面更有效的科学。在这种情境下，就出现了两个重要的问题：相较于其他重要的事项而言，科学传播在实现终极目标方面的重要性有多大？传播科学信息[①]的各种方式如何放大了或改变了在决策中衡量或使用科学的方式？

2. 超越科学传播的“缺失模型”

第二个总体议题是，在受众需要从科学传播中获得什么这个问题上，

① “科学信息”这个术语在本书中用来表示来自于科学的知识以及它是如何生产的。

最广为接受且最简单的模型（即所谓的“缺失模型”）是错误的。一个普遍的假设是，缺乏科学信息或缺乏对科学的理解充分地解释了为什么更多的人似乎并不接受科学主张，或者没有从事科学行为，又或者没有支持与科学证据相一致的政策。然而，对科学传播的研究表明，受众可能已经理解了科学家所知道的东西，但是出于各种原因，他们并不认同那种科学，或者并没有采取与那种科学相一致的行为。人们很少只把科学信息作为决策的基础，他们通常还会考虑自己的目标和需求、知识和技能、价值观和信仰。在科学共同体和科学传播共同体中，一个相关的普遍假设是，只要科学传播做得“更好”，人们就会做出与科学证据相一致的选择。这种假设在很多情况下并没有得到充分的验证。虽然人们可能需要拥有更多的信息，或者需要让信息更清晰地呈现出来，但是对于实现传播目标来说，单独着眼于知识通常是不够的。

3. 科学传播的伦理

选择何时传播、如何传播以及向谁传播哪些科学证据可以反映传播者的价值观。当科学涉及具有争议的个人决策或政策选择时，这一事实就变得尤为明显。一个重要的伦理问题是，在影响决策的努力中，除简单地传播科学事实之外，科学传播者应该走多远。个体科学传播者对他们作为倡导者的角色有不同的看法，并且针对这个议题还会继续争论下去。虽然这很重要，但是这种争论超出了本书研究的范围。本书的焦点在于，传播科学信息并帮助人们评估那种信息如何运用于特殊情况的科学传播。在探索这些话题方面，本书利用了其他类型的传播的研究，比如公共卫生运动，这些研究可能旨在说服人们改变行为，但可能包括也可能不包括潜在的科学信息。

二、科学传播研究与实践的主要挑战

科学传播的研究和实践面临着一系列挑战。有些挑战是所有传播中都很常见的，有些挑战则是科学传播所独有的。这些挑战包括对科学传播的收敛性影响（converging influences）；让公众正式地参与科学所带来的挑战；当科学传播成为公共争议的一部分时，对科学进行传播的特殊复杂性；以及复杂的、动态的且充满竞争的传播媒介环境。

1. 科学传播的收敛性影响

无论科学是否是公共争议的一部分，都有一系列因素会导致科学传播的复杂性。这些因素包括：①科学信息的复杂本质；②人们处理这种信息的方式；③社会影响，比如社会网络、规范、群组成员身份和忠诚度。

我们还需要进一步地研究，以确定在向特定受众进行传播的过程中这些不同因素的重要性，以及这些因素如何在不同情境下相互作用以影响科学传播者实现特定目标的能力。

此外，针对社会议题做出的很多决策发生在政策领域。然而，有关科学传播对政策决定产生实际影响的信息是寥寥无几的。在这个领域，需要解决几个重要的问题。比如：①在正式决策过程中，科学信息如何被决策者获取、接触、理解、分享或讨论？②科学传播如何影响这些过程？③当科学牵涉公共争议时，这些决策过程如何受到科学传播的影响？

智库、科学协会、以证据为基础的情报交流所、政府机构和非营利机构在阐释供决策者、媒体和广大公众所使用的科学信息方面都发挥了有组织的作用。在不同类型的机构对科学进行传播的努力中，我们需要对取得成功的条件加以研究，比如影响政策讨论的质量或结果。

2. 让公众正式地参与科学所带来的挑战

让公众正式参与的目的是在专业知识、能力和价值观上存在差异的群体之间促进信息、知识、观点和偏好的交流（National Academies of Sciences, Engineering, and Medicine, 2016b），并帮助他们找到共同点。当选官员、政府机构及其他公共机构和私人机构通常试图让普通公众就科学相关的议题同科学家进行讨论，有效的公众参与是困难的，虽然从环保政策和评估的文献中可以得出一些取得成功的原则。

因为在诸如基因编辑、生物医学研究和公共卫生政策这些不同的议题上正开展着正式的公众参与，所以在研究上出现了一些重要的问题，比如：①能最好地让科学得到有效传播的公共参与的特殊结构和过程是什么？②这些方法能在多大程度上被推而广之，或者需要根据参与者的多元性、需要做的决策及话题的本质而进行调整？

3. 当科学传播成为公共争议的一部分时，对科学进行传播的特殊复杂性

让科学参与到公共争议中，会让科学传播原本复杂的任务变得更加复杂。科学相关的争议会有不同的形式，因不同的原因而出现，并且发生于特定的历史和文化情境中。如果想让科学传播更有效，那么更好地理解这种争议的起源和动力机制是必要的。此外，我们还需要更多地了解与科学相关的争议的三个关键特征。

首先，与科学相关的争议通常涉及处于辩论核心的信仰、价值观和利益冲突，而不是简单地对来自于科学的知识的需求。在这些情况下，需要开展一些研究以决定如何能更有效地传播科学。

（1）需要开展额外的研究来确定科学传播在这些情况下有多大影响、对谁有影响以及在什么情境下有影响。

（2）鉴于受众对传播者的可信度和可靠性的认知的重要性，当科学传播者公开自己的价值观和偏好时，我们需要开展研究以考察对受众的影响。

（3）如果对科学或科学共同体存在着不信任，那么就需要开展调查，以决定对具有争议性的社会议题的科学进行传播的最佳策略。

（4）在公众参与方面，普遍认可的最佳实践表明，在早期就让关注这个议题的人参与进来是重要的，但还需要开展的研究是，一旦某个议题成为争议性议题，那么就要确认在公众参与的过程中需要

在多大程度上，以及用什么方式对科学进行传播才能够奏效。

（5）在一系列社会议题和一系列与科学相关争议的类型中，我们需要开展研究，以考察有效地对科学进行传播的结构和过程。

其次，公众通常在科学本身之中或科学的意义之中觉察到了不确定性，或者把不确定性视为不同的传播者传递不同的且有时自相矛盾的信息的一种结果。在某些与科学相关的争议中，不确定性可能因为特定的利益而被误解、利用或夸大。

（1）需要找到对科学共识进行传播及对不确定性的程度或类型进行传播的有效方式。

（2）在可以大规模实施的科学相关的争议的情况下，需要开展一些研究，以开发详细的方法来理解受众对科学的不确定性的反应。

最后，在与科学相关的争议中，组织利益和有影响力的人物的声音在公共话语中被放大了，并且妨碍了对科学证据的状况进行清晰有效的传播。高风险、利益冲突、不确定性、对风险及其后果的关切都能让那些试图对科学进行传播，以及运用科学的人和机构的数量增多。

在这种情境下，错误的信息会让来自于科学的权威信息难以被听到。

（1）在这方面需要开展的研究是，找到有效的策略来纠正错误信息，以及确定不同传播者在影响人们对精确科学信息的认识和理解上的作用，比如意见领袖。

（2）我们还需要通过研究来确定设计，或重新设计一个议题的有效方式、框架的重要性，以及设置框架的最佳时机。

4. 复杂的、动态的且充满竞争的传播媒介环境

如今，科学传播发生于一个复杂的且快速变迁的媒介环境中，同时，传播的新方式正在不断地涌现出来。无论科学是否会介入公共争议中，这些变迁都为科学的传播者既带来了机遇，又带来了挑战。复杂且不断演变的媒体影响人们接触（engagement with）科学信息的方式是一个相对新颖的研究领域。未来，决定个人和决策机构如何从不同的渠道获取与评估信息是很重要的。未来的研究还需要紧跟媒介格局的变迁，因为它们为科学传播设计并提供了更全面的模型。下列情况是特别需要了解的。

（1）如何让人们在很多相互竞争的信息来源和消息中获取到有关科学的现状的精确信息？

（2）科学传播者如何能够触及那些在评估和利用科学信息方面存在障碍的受众，比如那些教育水平或收入水平较低的人，或者那些固执己见的人？

（3）在提升对科学信息或科学的认知或理解上，或者对有关科学信息或科学的公共舆论产生影响上，某些形式的媒体是否比其他形式的媒体更好？如果是，那对谁会更好？

（4）尽管新媒体的影响在日益增加，但是美国人获取大多数科学信息的主要媒体渠道仍然是传统媒体新闻。重要的是，要在动态的传播环境中理解和追踪随着时间的推移媒体如何报道科学会决定媒体如何影响人们对科学的认知、理解和使用。

（5）人们的社交网络会影响他们的信仰、态度和行为，社交媒体和博客也越来越多地被用于传播精确的和不精确的科学信息。需要开展一些研究，以确定通过社交媒体平台和博客来传播科学的作用和有效的方法。

（6）在人们如何通过社交媒体与其他社会网络理解和认知科学方面，需要对媒体影响的效应有更好的理解。可以探索对工具的利用，比如社会网络分析，以记录信息和情绪在社会网络中的流动，并评估它们的效果。

三、一般概念性和方法论的议题

与科学传播的所有研究都相关的是几个概念性和方法论的因素，包括利用系统方法来指导研究，需要确定哪种传播方法在何种情况下最有效，以及确立合乎逻辑的科学传播研究事业的重要性。

1. 利用系统方法来指导研究

科学传播发生于复杂的情境下，这些情境中的元素包括要传播的内容、传播者、受众、传播的渠道、对科学进行传播的其他多元机构和个人，以及很多其他让受众可能获得额外、相互冲突的或不精确的科学信息的渠道。此外，人们对一般意义上的科学以及它与具体议题的相关性的理解和看法是随着时间的变化而变化的。科学传播的进步需要对每一种这些相互作用的元素及它们在个体层面和集体层面上的动态性都有较强的理解。这种也被用于很多其他领域的方法，将有助于研究者和科学传播者考虑介入科学传播之中的各种不同元素的相互作用，以及其发生在真实世界中的情境。

2. 需要确定哪种传播方法在何种情况下最有效

我们需要开展更多的研究，以帮助科学传播者确定哪种传播方法对谁有效，以及在什么情况下对实现具体的传播目标有效。重点开展以下几个方面的研究是特别有用的：

（1）用随机对照试验来评估一种对科学进行传播的具体方法在改变人们对科学的认知、理解或运用方面的影响。

（2）尽可能地模拟真实传播环境情况的研究。

（3）分析大数据集，以评估人们对科学传播的反应的变化，比如，那些来自于社交媒体、其他新兴的网络传播平台的数据集。

需要努力对来自于有效性研究的信息进行聚合和共享，以建立一个证据基础。这些努力也许是以登记注册的形式，就像那些存在于公共卫生科学领域的一样。这些努力可以根据关键维度对评估研究进行编目，以识别影响科学传播的要素，找到在不同话题上可以推而广之的或只适用于特定情境传播的各种不同方法的元素。这些努力还需要帮助研究人员解决获取和利用不同学科中同科学传播相关的研究的挑战。

3. 确立合乎逻辑的科学传播研究事业的重要性

为了在理解什么是有效的科学传播上取得真正的进展，有必要特别关注合乎逻辑的科学传播研究事业的四个关键方面。

首先，科学传播的研究人员和从业者需要形成伙伴关系，把从研究中学到的东西付诸实践，并且制定详细的研究议程，以测试如何传播现实且务实的科学的假设。研究人员需要积极地接触对科学进行传播的不同专业人员和机构，并且把传播的特殊动机及他们的工作情境考虑进来。研究人员和不同的科学传播者在信息和观点的定期交流与综合方面需要一些机会及机制，他们也需要通力合作，研究真实情境中的科学传播，这也是科学传播发生的地方。

其次，对科学传播的各个方面进行研究的不同学科同科学相关争议的不同学科之间也是相互脱节的。这些不同学科中的研究人员需要通力合作的机会和机制，以便为科学进行传播的因素提出更为统一的理论、概念和定义。新的或改变方向的科学传播研究期刊和专业会议、其他论坛，将对跨学科的、实践驱动的研究合作予以支持。

再次，鉴于涉及复杂的个人和社会现象，科学传播这个领域需要从临近学科聘用更多的科学家，特别是社会科学和行为科学领域的科学家。所有职业层次上的科学传播研究人员都可能需要额外的培训，以开展本书中提出的研究议程，或者可能需要鼓励他们以团队的形式开展工作——这个团队包括那些拥有必要专业知识的伙伴。

最后，设立快速审查机制及为特定的科学传播研究提供经费是重要的。当像寨卡病毒这样的议题突然出现时，对这种机制的需求就变得明显起来，并且需要传播来自于科学的重要消息。为了实现这个目标，有必要规避那些让具有时效性的研究进展困难的政策障碍。

四、结　　语

科学传播学委员会考察的很多研究是具有说服力的，并且为实践提出了一些方案。然而重要的是，不能对迄今开展的研究以偏概全。在很多情况下，需要对研究进行重复和拓展，以便为这些研究的结果提供更大的确定性，并且决定它们是否适用于不同的受众。在理想状况下，这种工作始于深入且综合地考察与科学传播相关的现有研究。同样重要的是，需要把那些通常着眼于细节问题的科学传播研究聚合和整合进更合乎逻辑的科学传播研究事业中。简单的解决方案不太可能；相反，我们需要的是细致地理解如何在不同情境、议题和受众之间更好地传播科学来增进社会福祉。

科学传播学委员会希望，不仅学界的研究人员会致力于本书中概述的这个研究议程，那些身处对科学进行传播的各类机构之中的人员也会致力于此。要在这方面取得进展，需要科学传播者和科学家发挥他们的集体专长。美国国家科学院召开的两次科学传播学研讨会（Arthur M. Sackler Colloquia），以及科学传播学委员会的召集，都表明来自不同领域的科学传播者和研究人员已经蓄势待发，他们将满足这种需求，并且致力于用有科学依据的方法来开展科学传播。

第一章

用科学来改善科学传播

实际上，科学和技术嵌入了现代生活的各个方面。由于这个原因，在做出诸如那些有关医疗服务、食品安全和气候变化方面的重要人生抉择时，人们越来越需要把来自于科学的信息同他们的个人价值观和其他考虑因素整合起来。科学的实践总是涉及某种程度的不确定性，同时，作为一项人类事业，科学不可避免地受到个别错误的影响，以及个人价值观、偏见和职业兴趣的潜在影响。尽管如此，科学可以用产生真实知识，以及从长远来看在强大的知识基础上产生科学实践和规范的、独特的、受规则管理的程序来帮助解释和预测世界。

很多人认为科学共同体有责任让社会参与进来，以传播这种知识，并为社会在科学事业方面的投入提供回报（Dewey, 1927; Lubchenco, 1998）。一般来说，社会期望科学家帮助它解决其主要问题（比如维持人们的健康或保卫国家安全），以及发现改善生活质量、增加经济机会和提供决策的方式。然而，对科学进行有效传播并不容易，它是一项需要习得的技能。

任何传播都涉及传播者、受众及通常具有双向性的传播渠道，这些都处于特定的社会情境中。很多人认为，科学传播是一个科学家就一个科学话题向另外一个个体（比如国会议员或媒体成员）提供信息。然而，大多数科学传播更具活力且发生于一个更复杂的情境中，在这个情境中，个体、群体和机构既是科学的传播者又是科学的受众。这些情境化要素为有效的科学传播带来了挑战。科学的本质也是如此。科学家理解世界的方法通常和人们日常的思维方式不同。科学的结果也可能是不充分的、不明确的或不确定的，并且随着新发现的出现，科学的结论也会随着时间的变化而变化。科学的这种固有特性会给人们对科学进行的传播和理解带来障碍。

有效的科学传播的其他障碍可能部分地源于科学信息的受众。这些障碍包括不熟悉一般意义上的科学或不熟悉与特定决策相关的科学发现和议题。在面临着弄懂通常是定量的且有时候似乎是互相冲突的大量复杂信息的难题时，有些人通常会采用捷径，包括他们专业知识领域之外的科学家亦是如此。比如，人们可能会对科学信息是否符合他们对这个话题已知的或所认为的状况进行快速评估；或者他们会拒绝参与，而是依靠其他人对这些信息的评估。在很多情况下，人们会保护他们的个人利益或经济利益、信仰和价值观免受似乎与这些发生冲突的信息的损害。虽然科学家可能感到有必要遵从科学对某个议题的看法，但是公众可能会更加随性地漠视甚至曲解那些信息。

当科学传播似乎失败的时候，受众有时候会被指责，比如，“公众根本就不关心”“他们太缺乏教育而不能理解”。然而，传播者本身也会给有效的传播带来障碍。比如，他们可能无法为他们开展的传播找到清晰且可行的目标，包括人们需要知道什么信息。同时，传播者往往高估了大多数人对一个话题的了解（Nickerson, 1999），以及过高地评价他们付出的努力的有效性（Chang et al., 2010）。

浏览（navigating）解决这些和其他挑战的正确方法需要拥有一种技能——一种很多传播者没有机会去学习的技能。比如，几乎没有科学家接受过科学传播的正规培训，虽然存在着一系列这样的培训项目（Leopold Leadership Program；Neeley et al., 2015），并且这些培训项目正成为研究的焦点（Besley et al., 2016）。此外，很多记者、机构的公共信息官、倡导者和其他在其工作中对科学进行传播的人要么缺乏科学的培训，要么缺乏对科学本身进行传播的培训（Dunwoody et al., 2009）。在难以渗透的复杂且快速变迁的媒介环境中，科学必须为获取关注度而进行竞争。

一、本书的研究目的和范围

在这种情境下开展的这项研究是为了回应一些人的需求，他们是：从事科学传播的人，以及研究如何对科学进行传播的人。下面的方框中列出了本研究的任务陈述。本书为科学传播从业者和研究人员提供了一份研究议程，这些人试图在如何最有效地传播科学上利用同科学传播相关的研究，并为决策制定建立一个有用的证据基础。[1] 这个研究的赞助方特别关注的是，当与科学相关的争议性议题牵涉公共争议（科学相关的争议）时，在有效的科学传播上存在着哪些知识差距。这些议题的突出案例包括：气候变化的现实与本质，社会如何满足其能源需求，儿童接种疫苗的重要性和安全性，如何预防肥胖，以及食品安全，比如对转基因食品或对食物和水中含有的化学添加剂所带来的风险存在的分歧。

任务陈述

一个特别的跨学科专家委员会将撰写一份共识报告，该报告对从有效的科学传播的研究中获得的成果进行综合，并对一个综合性的研究议程进行描述，以改善与重要社会议题相关的科学的传播，以及通常是具有争议性的决策。

该委员会将：

（1）对影响如何理解、认知和使用与一系列议题（比如，儿童接种疫苗、纳米技术、气候变化、食品安全与公共卫生行为）相关的科学进行识别，以及对科学的理解、认知和接受是如何发生的心理学的、社会的、文化的、情境的、政治的和经济的因素、媒体影响、传播方法进行识别。

（2）对不同议题之间这些因素的影响的相似性和差异进行考察，如果能更好地理解，还要找到那些对改善争议性议题的科学传播具有最大潜能的因素。

（3）提出一个概念性框架，在考虑下列因素的情况下对其综合及研究建议进行指导：传播的意图（目的与目标）；受众和参与者；传播环境、工具、设备、社会互动和网络；媒体类型；社会议题或科学领域的类型。

（4）找到与研究设计和测量相关的关键议题。

就本书而言，科学传播被界定为：为了实现一种目标或目的，而对有

① 对于这种需求的相关讨论，见 National of Sciences Academies（2014）。

关科学的信息和观点进行交流，比如更好地促进对科学和科学方法的理解，或者在与科学相关的争议性议题方面更深入地理解不同公众的观点和关切。与本书的任务相一致的是，科学传播学委员会考察了来自于一系列学科的研究文献，以对与争议性议题相关的科学进行传播有关的因素的相似性和差异进行审查。

通过回顾最重要的文献，科学传播学委员会找到了让有效的科学传播特别具有挑战性的一系列因素；处理这些挑战的方式是本书提出的研究议程的焦点。“挑战”在这里被界定为有效的科学传播的一个重要且复杂的障碍，虽然难以克服，但是可以通过填补这种挑战的本质与克服这种挑战之间的知识差距加以解决。总之，在这些挑战相关的知识上存在的差距，为指导未来的研究并帮助改善科学传播的质量和有效性提供了一个路线图。

本书的各章将着眼于：

（1）某个具体的挑战或一系列挑战，以及这些挑战对有效的科学传播的重要性。

（2）对人们理解、认知和利用科学产生影响的条件所开展的相关研究的了解。

（3）研究和创新的需求。

许多研究和学术成果考察了影响科学传播的要素——心理学的、经济的、政治的、社会的、文化的、道德的、媒体相关的及制度的。然而，这些学术成果的大多数只触及一个单一的议题领域（比如核能或转基因生物）。与大多数以前的分析所不同的地方是，本书代表着一种尝试，从很多议题和学科中提炼出对科学进行传播的关键发现。它旨在提供一种全面的理解，以让我们知晓对科学进行传播所面临的挑战，以及对人们理解、认知和使用与争议性议题相关的学科产生影响的因素。

为了确保对相关文献的考察具有可操作性，科学传播学委员会主要着眼于涉及与争议性议题相关的科学的过往争议或当前争议，这些争议性议题包括：气候变化、干细胞、纳米技术、疫苗、水力压裂、转基因生物、核能、肥胖、教育政策、在中小学及学前教育中讲授进化论和气候变化。这些话题涉及科学相关争议的很多共有元素。然而，在考察传播中产生的个人、经济、政治、社会和文化影响方面，这些话题是极其多元的，所有这些都是科学传播者需要理解的。

除了考察与上述具体争议性议题相关的研究之外，本书还利用一系列相关学科（比如健康传播学、环境传播学、风险传播学、政治科学、营销学、社会营销学、大众传播学和新闻学）的研究来阐释对作为个人及作为社会群体和机构的成员（比如政府、倡导机构和宗教共同体）遇见和理解科学的方式产生影响的因素。科学传播学委员会还从那些可能被视为“科学传播从业者”的人那里采集信息，那些对科学进行传播，但并不开展科学传播研究的专业人员，包括科学家自己。

科学传播学委员会并不认为可以把源自其他传播形式的研究中的发现自动地转移到对科学进行的传播中来。科学为理解世界提供了一种独特的方式，所以，有关其他领域的传播的知识也未必可以完全地转化为对科学进行传播的知识，特别是当科学涉及争议的时候，也不能认为有关决策本身的文献将必然地推而广之到对决策的科学进行的传播。另外一个需要考虑的是，其他学科中所开展的传播的目标可能与某些科学传播者的目标相一致。比如，像营销和公共关系这样的领域，为科学传播的一些方面（比如理解受众）提供了见解，但是营销和公共关系专业人员的目标可能和许多科学传播者的目标有所不同。

本书不是对科学传播的学术成果进行的综合性考察。相反，它综合了最重要的要点（因为关键的来源会被作为案例），主要着眼于科学传播学委员会在“任务陈述”中具体说明的议题和结果：对与通常是争议性话题相关的科学的理解、认知、接受和使用。本书也不直接地解决正规科学教育中的话题，比如，与对科学进行的传播相关的有效教学方法或课程，或者非正规科学教育[①]。此外，为了找到传播中的挑战以及对人们理解、认知和使用科学产生影响的因素上的知识差距，科学传播学委员会考虑了广泛的科学传播情境，比如影响个人和公共卫生的政策制定、新闻及传播。然而，本书并没有详细地分析每种情境。虽然与科学传播相关的很多话题都是重要的，但是并非所有的话题都适合于实证研究，而这种话题不包括在本书内。比如，准备对来自于科学的哪些知识进行传播，以及哪些知识值得在科学共同体之外进行传播这样的重要问题，就涉及不能通过一个研究议程得到解决的伦理、实践、制度和学术文化的原因。

像本书中所强调的那样，科学传播学（science of science communication）是一个新兴的领域。构成这个领域相关文献的研究是碎片化的、特定议题的，并分散在不同的学科中，而且通常只是间接地解决科学传播的具体话题。科学传播学委员会考察了这些研究，以收集如何促进有效的科学传播的知识的建议；然而，与那些来自于一个成熟且综合性领域的建议相比，这些建议更多的是初步的和推测性的。本书的结尾就未来如何实现这种整合提出了一些看法。

值得注意的是，隐含在职责背后的一个假设是对科学进行传播会影响人们的行为和决策。虽然有些研究支持这一假设（Brewer et al., 2016），但是证据并不像它所需要的那样丰富。在不同的情境下，科学传播对不同类型的决策的影响是一个值得开展大量额外研究的实证问题。虽然科学传播学委员会认为科学共同体有义务向其他社会成员传播他们的工作成果，但我们强调的是，科学永远不能单独成为解决有关争议性议题的公共辩论的充分基础。此外，一个特定的科学相关争议所牵涉的人对一项行动的社会、经济、道德和伦理意义会持有很多不同的观点，并且必须在对那个议题的决策中权衡这些观点（Yankelovich, 1991）。

① 两份美国国家科学院报告解决了非正规科学学习和传播的问题：《非正式环境下的有效化学传播》（National Academies of Sciences, Engineering, and Medicine, 2016a）以及《非正式环境下的科学学习：人、场所与活动》（National Research Council, 2009）。

最后，在履行找到有可能改善科学传播的研究这个职责方面，科学传播学委员会采取了广阔的视野，并且没有把缺乏与科学相一致的行动视作科学传播的问题的必然结果。人们如何界定科学传播的问题会因他们的视角不同而有所差异。如果受众理解了科学且在他们的决策中考虑到科学，那么，从这些受众的视角来看就不存在科学传播的问题，虽然他们的行为方式与最佳的科学证据不一致。对于传播者来说，这种结果可能被认为是科学传播的问题或是科学传播的失败，当然这取决于传播者的目标是告知还是说服。在考虑了所有这些注意事项后，科学传播学委员会认为对于科学传播不同方面的众多学科所开展的研究为这些挑战提供了一些见解。此外，为促进社会的福祉，我们将随时对这些见解进行提升，并把它们整合进对科学进行传播的一个更合乎逻辑的方法中。科学传播学委员会希望本书中提出的研究议程可以用于科学传播研究领域，进而有助于那些研究重要社会议题的科学传播者和科学家开展工作。我们需要他们的集体专长来开发和测试有科学依据的方法，以对科学进行传播。

二、科学传播者及其目标的多元性

科学是由科学共同体（个体科学家、大学和科学协会）、媒体、倡导性机构、智库、企业、非营利研究机构、公共卫生专家和政府机构进行传播的。作为业余爱好者，个体充当着科学狂热分子、议题倡导者或政治传播者的角色，并且他们会利用社交媒体、网络和其他途径从自己的视角对科学进行传播。

1. 科学传播的目标

在传播科学方面，最有效的方法取决于传播的目标。科学传播学委员会发现了 5 个宽泛且有些重叠的科学传播目标，每个目标都对科学传播者的知识和技能，以及他们的受众提出了不同的需求，并要求实现每个目标都要有相应的独特方法。这些目标涉及开展传播的一系列理由，从告知公众到激发个体、群体或社会的行动。目标可能本身就是终点，也可能是服务于一个更大的目标的一些小目标，大目标才是传播者对科学进行传播的原因。

科学传播的目标可能只是单纯地分享科学的发现和喜悦。很多科学家希望分享他们的激情和学术兴趣，因而认为对他们工作的理解可以丰富公众的生活。科学往往会得到公众的支持，科学家可能认为他们有义务把公众因付出的代价所获得的益处告知公众。

科学传播的第二个目标是，把对科学的鉴赏作为理解和存在于现代世界的一种有用方式。虽然这种观点没有被充分地验证，但是这个目标认为，那些对科学拥有更多知识且对科学感到更满意的人，那些拥有科学相关信息综合储备的人，以及那些在积累知识方面珍视科学及其作用的人，将更乐于且能够在他们的决策中利用科学信息（来自于科学的知识及科学是如何生产的知识）。因而，传播者可能试图去增加人们对科学的一般知识，以及科学如何能改善人们的生活质量并帮助人们做决策的一般知识，并试图对公众日常生活中所使用的相关信息的基础进行扩展，无论他们是政府官员、企业领袖还是个人公民。把这种知识和价值观及其他相关考虑因素整合起来，会带来更理智的决策。

科学传播的第三个目标是，增加对同需要进行决策的具体议题相关的科学的知识和理解。在这种情况下，传播者可能试图告知或教育公众来自于科学的相关事实，如何获取这些事实及这些事实对决策意味着什么。传播者可能试图让人们关注一个被忽视的议题或某个议题被忽视的方面，或者可能希望改善一个议题的话语的质量，比如改善相关科学的媒体报道。

科学传播的第四个目标是，在证据的重要性清楚地表明某些选择对公共卫生、公共安全或其他社会关切有重大关系的情况下，去影响人们的观点、行为和政策偏好。比如，传播者努力让人们意识到锻炼的好处、吸烟的害处、控制血压的重要性。在这种情况下，传播者可能感到有必要把科学发现告知人们，也有必要说服人们改变他们的行为或做出特定的政策选择。传播者还可能试图影响公共舆论，以便使一项特定政策获得支持，如有关医疗程序或技术的风险或收益。

科学传播的第五个目标是，让多元的群体参与进来，以便在为影响每个人的社会问题寻求解决方案时可以考虑他们有关科学的视角（通常是关于争议性议题的）。这个目标有时候会通过公众参与的正式程序来实现，通常是借助于那些在科学上、道德上和政治上存在困难的社会决策来实现。很多现代技术的特征是：①那些没有相关专业知识的人（包括在这些专业知识领域之外工作的科学家）难以理解的科学、技术和社会的高度复杂性；②快速转化（“从实验室到病床”）或从实验室研究到应用的快速转换；③围绕着科学的应用和实践（如人类胚胎中的产前基因修饰）的一系列伦理、道德、政治和社会上的意义（Scheufele, 2014）。解决所有这些复杂性难题的需求，会促使科学共同体内外的领导者们呼吁科学家同公众进行更广泛的互动（Ham, 2015; Leshner, 2003; Rowland, 1993）。

科学传播学委员会认为，虽然科学家有同公众谈论他们工作的责任，但是他们同样有责任倾听公众的声音，以便强化公共话语的质量，以及增加科学与社会之间能感知到的和实际的相关性。这种双向的公众参与，会给特殊共同体或整个社会认为值得解决的问题带来一些见解（Dietz, 2013a），它还可以明确社会需要从科学家那里获得什么信息。科学受到科学家的不同职业兴趣和个人兴趣、他们的价值观和目标，以及各种外部力量（如政治关切和产业关切）的影响。出于这些原因和其他实践的或科学的原因（如可获得的科学方法的局限性），科学可能不会满足社会对信息的需求或表达每个人的关切。然而，最起码公众期望可以在科学共同体之外讨论新兴的科学和技术（比如基因编辑技术），并且以对社会负责的方式进行监测。作为公众参与的科学传播（这里指的是科学家和非科学家之间的任何传播，而不仅仅是公众参与的正式过程）为所有的利益相关者[①]

① 在本书中，“利益相关者”被界定为对一个议题感兴趣或表示关切的个人或群体。

提供了在一项技术开发或部署之前讨论其潜在风险、收益和后果的机会；激励人们关注对公共福祉重要的议题；并且在理想状况下，鼓励与这个议题相关的所有不同群体的公民参与进来并表达他们的意见。

当然，科学家和公众之间的传播会带来争议，但并非所有围绕着科学的争议都是令人不快的。没有任何一项重要的社会决策仅以科学证据为基础；这种决策还以对源于其他来源的事实、价值观和理解为基础，比如个人经验或职业经验。此外，不同的人和共同体也可能根据他们不同的兴趣、经验和价值观而对科学的投入有不同的权衡。公众参与的过程有助于在利益相关者之间建立和维持信任，并且有助于通过在存在分歧的价值观、偏好和需求之间对必要的权衡进行协商而找到共同点（Sarewitz, 2015）。在不同的情境下及不同的议题中，如何最有效地让公众参与进来是一个值得开展额外研究的重要实证问题。不过，我们现在知道的是，就科学相关争议可接受的决策来说，公众参与通常是必不可少的。同样，很明显的是，即便某个议题没有涉及广为人知的争议，在科学家愿意并且能够认真而谦恭地倾听不同观点的情况下，科学传播也会更加有效。①

2. 伦理考虑

对科学进行传播的决定通常会涉及伦理因素。选择传播哪些科学证据，以及何时、如何与向谁传播都是一种价值观的反映。当科学牵涉具有争议的个人决策或政策选择时，这一事实就变得尤其明显。

科学传播在多大程度上应该超越科学来影响决策（如上文所述的第四个目标）已经是并且仍将是值得辩论的（Ratner and Riis, 2014; Scheufele, 2007）。在这个辩论中，把科学传播本身同以科学证据为基础来影响行为的其他类型的传播区别开来是有意义的。

---

① 这一点已经被很多观察者所证明，并且被纳入了美国国家科学院对各种不同议题的报告所提出的建议中，比如风险评估、环境评估和决策制定、气候变化研究和基因驱动（National Academies of Sciences, Engineering, and Medicine，2016b；National Research Council，1996，2008；另见 Rosa et al., 2010 的案例）。

科学传播传达了科学发现和方法，并帮助人们评估那些有关科学发现和科学方法的信息如何应用于一个特定的议题或情形。这个辩论的焦点是，为了说服人们支持一项特定的政策选择，或者采取某种具体的行为，科学家对科学进行传播是否恰当。这样做会涉及把位于科学这个严格的领域之外的个人价值观或社会价值观带到传播中来。在利用科学实现这种说服方面，科学家对在何处设立界限存在着分歧。

其他类型的传播的目标可能是为了说服人们，因而不会单独地依靠构成这种消息的基础的科学。旨在说服青少年不要吸烟或酗酒的公共卫生运动就是这样的例子（Farrelly et al., 2009; Goldstein et al., 2008; Wakefield et al., 2003, 2010）。这些可能会传播利用情感诉求、对社会规范的呼吁或在激发行为改变方面被证明有效的其他途径来向目标行为人传达这些行为的负面后果，但是可能会排除或有选择性地呈现来自于科学背后的信息。

因为科学传播领域的研究在不断地进行，所以重要的是，要更好地理解和辨析科学传播伦理的这些议题及促进伦理实践的发展。①

三、简单而错误的科学传播模型

科学传播的一个模型——“缺失模型”被广为接受，这个模型表面上看起来很简单，也很有吸引力，但是通常是站不住脚的。它把非科学家（nonscientists）简单地描述为那些对科学在一个话题方面所讲的尚未有所了解的人。在“缺失模型”中，重要问题的“科学”已有定论，并且专家的立场坚定且清晰；传播的任务就是简单地向公众解释事实。然而，现实的科学传播很少通过这种方式运行，即使是存在的话。

首先，虽然人们有时候会缺乏那些对他们来说可能会有益的来自于科学的信息，但是究其本质而言，有关一个议题的科学很少是完全有定论的，科学的“事实”不仅复杂，而且对它的解读通常不止一种。有效的科学传播既传达了复杂性，又传达了细微的差别，并且用这种方式对科学进

① 科学传播中伦理议题的深入讨论可以参考 Keohane et al.（2014）和 Pielke（2007）。

行传播才能够被传播所指向的受众所理解和应用。

其次，科学传播通常并不是直接地从科学家到公众的，而是通过机构、媒体或（那些通常由自己选择受众的）其他行动者这些中介来实现的。当很多竞争性的声音试图利用科学来实现相冲突的目的时，这就成为在争议性中对科学进行传播的挑战的一部分。此外，人们对来自于不同渠道的信息进行解读的方式也会受到一些因素的影响，比如对信息源的信任、他们既有的科学知识与信仰。

再次，虽然人们可能需要更多的信息或者需要信息呈现得更清晰，但是对于实现传播目标来说，单独地着眼于知识通常是不充分的。当人们需要决定是否要采取行动及采取什么行动时，“缺失模型”就变得尤为不足。该模型假设：如果某个受众不能以某些人所认为的与科学证据相一致的方式采取行动，那么不是需要对传播的信息进行更好的打磨或传递，就是受众在知道足够的科学或充分地欣赏科学方面存在着错误。然而，如前所述，人们在做决策的时候，不是单独地依靠科学信息，而是会把价值观和其他考虑纳入其中。因而不能认为，没有以与科学证据相一致的方式采取行动的受众需要更多的信息，需要对这个信息有更好的理解，或者需要对信息的科学价值进行更好的欣赏。有效的科学传播旨在帮助人们理解与一项决策相关的科学，以及在人们意识到其他因素会影响他们的行为时表明这种相关性。

最后，“缺失模型”认为，如果为一个受众精心设计了有关科学信息的一条信息，那么它也应该满足其他受众的需求。实际上，有效的科学传播受到情境的影响，并且需要不同时间、不同地点的不同受众的参与，需要把他们想知道的和已经知道的、理解的和相信的都考虑进来。

四、本书的结构

本书的第二章描述了对科学信息进行传播具有影响的复杂因素，以及需要被更好地加以理解的因素，而不论在公共领域中适用于某个议题的科学是否是有争议性的。这些因素包括科学内容固有的挑战、作为科学传播受众的个体和群体、传播者的特征以及用来对科学进行传播的方法。

当对一种公共争议相关的科学进行传播时，就理解科学传播的挑战而言，只对第二章中所讨论的因素有更好的理解是不够的。第三章简要地描述了会引起科学相关争议的情况，并且找出了对争议性社会议题相关的科学进行有效的传播时需要更好地加以理解的因素。

第四章在传播环境中发现了一些正在快速变迁且正在影响人们获取或遇见信息的方式的因素，比如与科学新闻、互联网和社交媒体相关的因素。无论科学的传播者是科学共同体之内或之外的个体科学家还是机构，这些变迁都既为其带来了挑战，又带来了机遇。虽然这些讨论注意到了那些与科学相关争议特别相关的因素，但本章讨论的因素都同对科学进行的传播有关，无论科学信息是否适用于某个争议性社会议题。

上述各章都包含围绕着科学传播挑战的一些研究问题。在为科学传播建立一种证据的基础之上，第五章总结了这些问题，并且描述了一系列需要关注的概念性和方法论方面的议题。它还描述了科学传播学委员会对与转化型研究的需求相关的一些观察，包括在研究者和科学传播者之间建立伙伴关系，以及为贯彻提议的研究议程而开展能力建设。

第二章

科学传播的复杂性

与简单地把科学术语翻译成公众可以理解的语言相比，科学传播要复杂得多。它的复杂性源于科学传播中很多因素的多元性和相互关联性，包括传播的目标、被传播的内容、它所呈现的形式及牵涉的个人和机构。人们从自己的出发点（期望、知识、技能、信仰和价值观等的一种结合）来接近科学传播，并且反过来这些又会受到广泛的社会、政治和经济因素的影响。牵涉科学传播中的组织和机构会加上它们自己的关切和影响。此外，传播的图景正在迅速地变迁着，这为与他者进行传播并建立关联提供了前所未有的机遇，也带来了许多挑战，这是将在第四章中详细探讨的话题。在那些对科学传播学进行的研究中，一个主要任务就是为有效的科学传播找到关键要素和最佳实践，以对这种复杂性进行预测并给予恰当回应。本章所讨论的议题适用于同几乎任何话题有关的科学进行的传播，而不论一个争议性议题相关的公共争议是否有科学牵涉其中。接下来，本章将更深入地着眼于那些对科学传播来说很重要的议题，这些议题与公众领域中争议性的话题特别相关。

第一节　对科学信息的不同需求和回应

在科学共同体之外，很少有人会经常地利用科学信息（Boczkowski and Mitchelstein, 2013），虽然他们通常在日常生活中会遇到科学并且享受科学带来的好处。很多人对科学新闻感兴趣，然而只有 16% 的公众认为他们“非常紧密地”跟踪有关科学和技术的新闻（Mitchell et al., 2016），自 2000 年以来，这个比例仍然低于 18%（National Science Board，2014）。有些人在成年后可能会遇到科学，并且试图理解科学，但是也只有当科学对他们作为个体而必须做出决策来说十分重要时，或对他们在一个机构中必须发挥作用的情况下非常重要时，他们才会这样做，比如作为消费者、患者、家长、选举人或政策制定者。

理解科学信息并不容易。比如，消费者面临着的任务就是，对食物中的脂肪、盐分和添加糖以及转基因生物（genetically modified organisms, GMOs）的风险和收益的复杂且自相矛盾的主张加以解析。他们必须决定在避免肥胖方面是否认同以科学为基础的建议，以及是否听取那些认为肥胖症的起因尚未完全搞清楚的人的看法，或者是否完全忽略以科学为基础的主张。同样，患者必须对疗法和药物做出选择，这项任务通常要求在"科学如是说"的自相矛盾的主张中进行判断，并且要求他们努力克服自己所做的任何决定的结果所带来的不可避免的不确定性。父母必须选择是否接受有关疫苗的医学上的忠告；政策制定者必须基于不完善的信息做出决策，并且预见到这会不可避免地带来一些不确定性。这些决定通常与深深地植根于科学之中的一些议题相关，比如环境监管、新技术的风险和收益，以及食品卫生和安全。

因为他们需要做出的决策非常不同，故个体和群体想从科学传播中获得的也会变得不同。在知识和技能、解读信息的方式及影响个体和群体如何回应科学信息的其他特征上也是不同的。因而，传播者必须既要回应人们对科学信息的需求，又要回应人们在做决策时理解、认知和使用科学的方式。让这种复杂性有所增加的是，随着人们参与科学的程度的提高，他们的需求和观点也会随之改变。因而，有效的科学传播策略是会迭代的，并且是具有适应性的。特别是，随着时间的变迁，这个策略将根据从"什么有用"和"什么没用"中学到的教训而不断地演化，以及随着需求和机遇的不断变迁而演变。

第二节　正式公众参与的需求

虽然通过向目标受众单向地传播信息可以实现科学传播的某些目标（本章的后面将就此进行讨论），但是其他目标最好通过正式公众参与[①]所产生的对话来实现。诸如带来兴奋、分享一项决定所需的信息及在不同的利益相关者中找到共同点——这样的目标本身都有助于把公众参与作为一种传播策略。此外，公众参与是了解科学信息所针对的受众的关切、问题和需求的重要方式。至于为什么要利用这种方法，国家科学院、工程院和医学院近期发布的一份报告（2016b）就为此提供了一个有用的案例，该报告包括为基因编辑这项新兴技术的公众参与提供建议。随着基因编辑科学的进展，它激发出有关这种科学及其应用的很多问题，以及伦理问题和对这项技术的使用进行管理的问题。

更一般地来说，公众参与为推动利益相关者之间的透明度和广泛一致性提供了可能，并且为每个利益相关者提供了机会，以让参与到辩论中的人彼此学习并且教授他人。相互教学的一个关键组成部分是有机会阐明自己的信念和理解，修正自己的观点，从其他人的思维中获得见解，以及在一项决策的社会意义所带来的不确定性中阐明价值观。这个过程的一个关键益处在于通过公平、公开和透明的程序来建立和维持信任。当科

① “公众参与”可以被界定为“在专业知识、能力和价值观上存在差异的群体之间促进信息、知识、观点和偏好的交流”（National Academies of Sciences, Engineering, and Medicine, 2016b, p. 131）。用于这种活动的这个特定术语可能存在差异（比如，有些活动使用“公众参与”或“公众协商”），但是其概念仍然一样。

学家对任何利益冲突、资金来源或与他们工作相关的重要隶属关系保持透明的时候，公众对科学家诚信的看法就会得到强化（National Academies of Sciences, Engineering, and Medicine, 2016b）。然而，当在处理道德上的议题时，对人们而言，结果可能要比过程公平更重要（Earle and Siegrist, 2008）。在这些情况下，只是确保一种公平的过程不足以促进信任与合作。

在风险传播中，越来越多地把参与模型作为解决围绕着科学出现的与伦理、法律和社会议题相关的问题和冲突的重要方式（National Academies of Sciences, Engineering, and Medicine, 2016b）。它还认为公众参与是民主社会中公民参与的角色的一部分。[①] 在环境决策制定这样特殊的情境下，对公众参与的不同传统进行考察的研究揭示了与卓有成效的努力相关的实践，比如，对美国环境保护署（Environmental Protection Agency，EPA）协商式规则制定、流域管理、气候变化评估、森林管理、土地利用冲突和有毒废物地点清理的议题的研究。这些实践包括利用包容性的过程，从问题阐述的角度保持合作、开放透明、以真诚的传播为特征（National Research Council, 2008）。然而，应该注意的是，可资利用的研究的大多数（虽然不是全部）都着眼于当地和区域层次的公众参与的努力（National Research Council, 2008）。我们需要开展一些研究来确定在更大规模上让公众参与进来的有效结构和过程，包括在线公众参与的可能性（Davies and Gangadharan, 2009）。因为各个国家需要处理像全球范围内的气候变化这样的问题，因而这种需要就会变得更加强烈（Corner and Pidgeon, 2010; Payne et al., 2015）。

公众参与不容易做好。把很多利益相关者和公众聚集起来的过程是一个巨大的挑战，这需要大量的准备和支持。有些批评者认为，科学知识水平不高和缺乏对科学的关注、存在问题的群体动力学及低水平的参与，会让这个过程效果不佳，甚至使之在某些情况下产生事与愿违的结果（Binder et al., 2012; Merkle, 1996; Scheufele, 2012）。鉴于当科学牵涉争议时公众的参与会特

① 例见：Delli Carpini et al.（2004），该文作者考察了可以成为公众协商的目标，以及可以通过研究加以解决的参与的挑战的一系列结果。

别有用，所以第三章会详细讨论公众参与的原则及额外的研究需求。

在某些情况下，让公众参与进来似乎是没有必要的，但是存在着开展公众参与的伦理需求和实践需求，在某些情况下还有法律的授权（National Research Council，2008）。在科学相关的争议中，上述三个理由会在公众参与中发挥作用，因而在许多情况下，关注那些涉及科学的参与和协商过程的设计的研究就变得很重要（见第三章）。

第三节　科学内容带来的挑战

信息的本质或科学本身的状态会给传播带来挑战。人们期望科学可以产生对社会有用的信息。在为世界生产可靠的知识方面，科学提供了一种独特的、受规则支配的方法。然而，科学发现通常体现的是进展中的工作，只适用于特定的情境或人群，或者未能解决公众希望获得明确答案的问题。这个部分着眼于与科学发现相关的不确定性，以及它给科学传播带来的挑战。

不确定性有一系列来源，这些来源对不确定性是如何被传播的会产生影响。研究人员找出了对不确定性的类型和来源进行分类的方式。[①] 有些来源是科学所固有的，并且贯穿于所有的科学学科之中；而有些来源是特

① 比如，某种类型学根据对文献的回顾发现了不确定性的 5 种主要来源（Politi et al., 2007），分别是：第一，对未来结果的不确定性（通常称为“风险”，并且可量化为概率）；第二，模糊性，或者对有关风险的优势或有效性的不确定性；第三，就特定风险的个人重要性的不确定性（比如，他们的严重性或时机）；第四，来自于风险信息的复杂性的不确定性（比如，风险和收益的多样性或它们随时间推移的不稳定性）；第五，来自于无知的不确定性。另外一个对不确定性进行分类的案例，见 Han et al.（2011b）。对于把科学的不确定性作为决策的一部分的深入讨论，见 Institute of Medicine（2013, 2014）和 National Research Council（2006）。

定科学领域所特有的，比如对特定估算模型或测量方法的使用。不确定性可能和科学发现的复杂性本质或人们如何处理这些信息相关。当利用概然性证据（风险）来预测未来的结果时，或当决定在多大程度上哪些科学证据适用于特定的情境或具有个人意义时，不确定性就出现了。持续的研究可以通过提供额外的证据来解决某些不确定性，但是在其他情况下，特别是当涉及科学的复杂问题时，不确定性将持续存在。尽管不确定性是固有的，并且科学会为决策提供信息，但是如何对信息的相关性进行解读则可能需要在科学信息的消费者（比如个体决策者或利益相关者群体）之间进行协商（Dietz, 2013a）。

一般来说，人们不喜欢不确定性并且试图去避免模糊性（Fischhoff and Kadvany, 2011; Kahneman, 2011）。在面临决策的时候，人们通常会选择最不模糊的备选方案，即便比较模糊的备选方案有更好的预期增益（Ellsberg, 1961; Wallsten, 1990）。科学家（包括医学专家）也不太愿意谈论他们工作的不确定性（Fischhoff, 2012; Politi et al., 2007）。于是，在对科学进行传播时往往会避免谈论不确定性，但这可能是一种错误。有些受众知道不确定性的存在，并且表示他们希望被告知科学发现在多大程度上是确定的（Frewer and Salter, 2007）。还有一种可能就是，不去讨论不确定性会为确定性营造出一种虚假的安全感，这会损害在以新的发现为基础而对信息进行重新修订方面的信任（Binder et al., 2016; Frewer and Salter, 2007）。

个体对不同类型不确定性的反应是不同的，这取决于他们的特征和价值观（Peters, 2012a; Politi et al., 2007）。在缺乏清晰解释的情况下，人们可能会认为是一系列错误来源导致了不确定性的产生（Dieckmann et al., 2015）。比如，某些人可能把不确定性归因于贫乏的科学（Freudenburg et al., 2008; Johnson and Slovic, 1995）。在某些情况下，对不确定性进行的传播会削弱对科学权威的认知（Funtowicz and Ravetz, 1992; National Research Council, 2014; Rosa et al., 2013）。对于医学情况下的某些患者来说，获得有关不确定性的信息会让他们对某项决定感到不满（Han et al., 2011a; Politi et al., 2011）。另外，在某些情境下，对不确定性进行传播会提升一种透明度，这有助于培养信任（Johnson and Slovic, 1995）。有关不确定性的清晰信息也有助于决策者对风险进行权衡（Fischhoff and Davis, 2014; Joslyn and LeClerc, 2012; Joslyn et al., 2013）。这些发现表明，受众对有关不确定性的信息的需求和反应是不同的。不确定性的一种形式与相互冲突的证据有关，或与对有多少证据支持不同的观点感到迷惑有关。科学家本身在如何解读科学证据方面也可能会没有把握或存在分歧。这种真实存在的或可被觉察到的冲突会让受众感到相当不安（Politi et al., 2011）。对于在科学是新兴的、不确定的或存在争议的情况下得出的结论而言，证据的重要性或者说涉及一个特定议题的哪些事实和因果性解释在多大程度上是有效的，可能不足以对这个结论予以支持。这方面的案例包括肥胖的起因和影响，应对气候变化的技术的相对优势（比如碳捕集与封存，以及太阳辐射管理），“蒸汽烟”的社会影响和健康影响，以及把更多的类似于市场的政策引入教育中的理论后果（比如教育补助金券和特许公立学校）。此外，虽然科学在一种情境下可能是相对确定的，但是它在另外的情境下的应用可能会增加科学的不确定性，特别是对应用于一个复杂的地方问题而言，比如水供应的污染或气候变化的意义。

在某些议题方面，科学共同体会就证据的重要性达成共识。这些议题包括人类对气候变化的影响，疫苗对健康的好处，以及进化论的有效性。在这些情况下，仍然有很多人不确定或不信任科学共同体所做的这种论述背后的证据的重要性。就气候变化而言，一项研究发现，对某个议题上高度的科学共识进行传播，会增加人们对那种共识的承认（van der Linden et al., 2015），虽然还不清楚接受科学共识是否会影响人们对一个议题的态度或信任（Kahan, 2016），或者是否会影响人们对一项特定政策的支持（Kahan, 2016; McCright et al., 2013a）。此外，有些证据表明，政治观点会影响人们对气候变化的科学共识的认知（McCright et al., 2016）。我们还需要进行更多的研究，以了解受众对不同议题的共识性信息的反应会如何不同。

美国国家科学院的报告考察了如何在科学共同体内对科学发现的认同程度进行呈现，以及在不同情境下可能有效的方法。[①]除了用统计数据和概率论术语来表示信息之外，政府间气候变化专门委员会（Intergovernmental Panel on Climate Change，IPCC）还通过使用数据的“类型”“数量”“质量”“一致性”这些标签来描述对科学主张的信任。然而，对语言上的概率术语是什么意思，人们存在着很大的分歧（Teigen and Brun, 2003）。因而，试图对这种翻译进行立法的尝试没有取得成功，比如政府间气候变化专门委员会所做的尝试（Budescu et al., 2014; Teigen, 2014）。把数值概率与语言上的概率术语一起包括进来似乎比单独地使用二者之一能带来更精确的解读（Budescu et al., 2012, 2014; Sinayev et al., 2015）。最终，对不确定性进行传播的有效性取决于决策情境（Fischhoff and Davis, 2014; Savelli and Joslyn, 2013; Zikmund-Fisher, 2013）以及传播形式的清晰性（Institute of Medicine, 2014; Spiegelhalter et al., 2011; Stephens et al., 2012; Taylor et al., 2015）。

在找到对科学的不确定性进行传播的最佳实践方面，我们还需要开展一些研究，以便传达证据的重要性，并解决人们在围绕着一个议题的科学不确定性的具体来源方面可能遇到的特殊问题。与大规模地用于传播的方法一样，在就不确定性向个人或群体进行传播时，我们需要一些总体设计，以便把对科学信息的使用作为决策制定的一部分。

① 这样的案例包括对疫苗不良反应事件的讨论，如同美国国家医学院的报告（1994，2002）。

第四节　关键的个人因素和机构因素：不同的受众与不同的需求

科学传播的回应导向（responsive orientation）意味着它会在对科学进行传播时所采用的方法中考虑受众的需求、能力、视角和局限性。本部分考察受众的三个关键方面如何影响科学传播：①对科学的既有知识；②理解数值型信息的能力；③解读新信息的方式。这三个因素共同解释了为什么不同的个体对来自于科学的同样信息会有十分不同的理解和认知。虽然对于研究这种情境的很多人来说，这里所讨论的影响是很明显的，但是仍然需要开展深入的研究，以决定为实现目标而于具体情境下向特定受众传播科学时每一种影响的重要性。当一个社会议题存在争议或当科学本身存在争议时，我们还需要开展一些研究来决定上述三种影响的独特的重要性。

一、对科学的既有知识：揭穿“缺失模型”的真相

科学传播者中一个长期存在的问题就是，人们是否有足够的理解力和技能（比如科学素养）来理解科学传播，并且表达他们作为有知情权的公民对涉及科学的议题的观点。根据美国国家科学院、工程院和医学院有关这个话题的报告，科学素养可以大体上被界定为“在某种程度上知晓科学事业和科学实践”（National Academies of Sciences, Engineering, and Medicine, 2016c）。该报告的核心主题是科学素养不仅可以被视为个体的

一种特征，而且是共同体和社会的一种特征。

如果通过对科学事实的简单回顾来测量科学素养的话，普通公众的知识水平长期以来一直居高不下（Scheufele, 2013）。同时，在科学方法和科学思维上的知识却似乎没有那么普遍。2014 年，只有 26% 的美国人可以解释"科学地研究某些事情是什么意思"，并且只有 53% 的美国人能正确地理解随机对照试验（National Science Board, 2016a）。

对大多数人来说，正规科学教育结束于高中。然而，科学仍然在逐步发展，以产生新信息、新发现和新技术。因而，科学教育被视为一个发生在不同情境中的终身学习过程（Dierking and Falk, 2016）。大多数研究表明，科学素养与教育水平紧密相关（National Science Board, 2016a），然而，在 25 岁以上的美国人中，只有 32.5% 的人拥有学士学位或更高的学位（Ryan and Bauman, 2016）。此外，根据美国国家科学委员会的报告（2016b），自 2013 年起，美国只有大约 2110 万成人拥有涉及科学或工程相关领域的学士学位或更高的学位，这个比例在美国 2.264 亿 21 岁以上成人中的占比为 9%（U.S. Census Bureau, 2013）。因而，只有 10% 的美国成人接受过正规科学教育或工程教育。

"缺失模型"预测，对科学及其运作的方式知道得越多，一个人对科学的态度就越积极，他的决策与科学证据的一致性就越强。然而，对科学知识的数量与对科学的态度之间关系的研究越来越多地凸显出二者之间不是一种简单且直接的关系。相反，一个人的特征、背景、价值观和信仰，以及来自于大众媒体的信息都会影响一般科学知识和态度之间的关联（Brossard et al., 2005; Ho et al., 2008; Scheufele and Lewenstein, 2005）。一旦把这些因素考虑进来，那么，不同的研究中所展现出来的知识和态度之间的关系要么是弱相关、无关的，要么就是负相关的（Allum et al., 2008; National Academies of Sciences, Engineering, and Medicine, 2016c）。这些发现指出了在使用个体信息之前对其进行测试的重要性。此外，知识不是对一个话题拥有看法的前提条件，这可能对知识和态度之间缺乏关联提供了部分解释。比如，调查表明，绝大部分人赞成对转基因食品贴标签，但是很少有人显示出拥有这方面的知识（McFadden and Lusk, 2016）。

二、理解数字型信息的能力

通常，数字型信息和概念是对科学信息（包括科学的不确定性）进行传播的一个重要组成部分。对数学概念和数字型信息的理解和使用通常被称为数学能力。然而，在理解那些通常是科学的语言的定量信息和概率信息方面，很多人存在困难。数学能力上的问题甚至会影响专业知识领域之外的科学家。因而，当传播策略需要传达数量、比率和概率时，需要特别注意那些在人们如何处理——以及普遍地误解——这种信息方面所开展的大量研究，以及本章后面将描述的对其进行呈现的最佳工具。

在改善人们对所呈现的信息的理解方面，把人们在数学能力上所面临的挑战考虑进来是比较有效的，并且在公共卫生情境下，这甚至有助于改善公共卫生结果（Peters et al., 2007）。公共卫生决策方面的大量研究文献表明，可以通过下列方式来呈现数字型信息，以便使受众可以有效地理解和采用这些数字型信息（Institute of Medicine, 2014）：①提供这种信息（即无须避免数字）；②减少需要患者或者消费者付出的认知努力并且要求更少的推论；③解释有关数字是什么意思，特别是在受众不熟悉数字型信息时；④提醒人们注意重要的信息。我们还需要在公共卫生领域之外开展研究，以决定如何用促进不同个体（包括那些具有较低数学能力的人）对信息的理解及使用的方式来呈现数字型信息——比如不确定性，在这方面确实有一些系统性研究，比如，在金融领域（Soll et al., 2012）及环保领域（Hart, 2013; Markowitz et al., 2013; Myers et al., 2015）。

三、解读新信息的方式

如前所述，除解读科学信息的知识和技能之外，人们在理解对人们解读新信息的方式产生影响的世界还拥有不同的信仰、价值观和方式。下面将对这些倾向进行讨论；对信仰和价值观的作用的更详细讨论被放到了第三章中，因为它们在对与争议性社会议题相关的科学进行传播方面发挥着核心作用。

（一）人们用来对世界进行解释的信念

人们在如何解读科学信息方面是存在差异的，对这种差异进行理解的一种方法着眼于他们的心智模式——在解释世界如何运转方面人们所持有的一套信仰体系（Bruine de Bruin and Bostrom, 2013）。对一个特定学科的方法、理论和事实精通的人所利用的心智模式会完全不同于那些非专家的心智模式（Chowdhury et al., 2012）。非专家往往对一种现象采取多元且通常是比较异质的解释。他们还依靠隐喻和类比来进行推论（Bostrom, 2008），并且通常着眼于一个问题或与现象不太相关的方面（Chi et al., 1981; Downs et al., 2008）。

人们把这些观点应用于他们对新信息的解读上，并且即便他们遇到了相反的信息，他们的心智模式往往也会对变化进行抵制。理解人们的心智模式，有助于传播者在人们知道了什么上发现存在的差距，以及找到那些对人们如何理解一个议题产生影响的错误信息或观念。比如，有了这样的见解，传播者就可以设计出一些方法（比如框架），以让人们更容易地获取信息，然后人们就可以在做决策时使用这些信息（Nisbet, 2014; Scheufele and Scheufele, 2010）。当科学牵涉公共争议时，信仰在科学传播中的作用会在第三章进行深入讨论。

（二）心理捷径：启发法、情感和动机性推理

有时，传播者期望人们根据他们所获得的信息的全部知识和理解来评估科学的不确定性，但那根本不是当面对复杂性时人类心智的工作方式。相反，当试图解读科学的不确定性和其他复杂信息时，人们会利用一系列启发法或心理捷径来减少心智努力以对证据进行评估（Tversky and Kahneman, 1974)。这些捷径通常是有适应性的，因而使得人们可以迅速且有效地决定某些事情的可能性有多大或有多危险。对科学权威的信任或服从，就是人们利用合理的捷径来对科学形成意见或态度的例子（Brossard and Nisbet, 2007）。然而，捷径会导致对科学的解读产生偏差，特别是科学的不确定性（Bruine de Bruin et al., 2007）。比如，它们会影响人们的理解、记忆和反应，以至于人们会更加关注或倚重那些与他们在某个话题方面的既有感觉相一致的信息。人们还倾向于认为，与他们不常接触到的信息相比，他们经常接触的信息会更真实或更重要，即便这种推论是错误的（Fazio et al., 2015）。

特别是，就理解科学信息和对科学信息做出反应而言，情感的使用是一个重要的心理捷径（Slovic et al., 2004）。与其他心理捷径一样，情感通常是有帮助的，因为它们能迅速地形成对风险和收益的认知，比如，"如果我认为某种危害很糟糕，那么它一定风险很高，且收益很低"（Finucane et al., 2000）。情感反应会激发人们采取行动，并且指导人们以如果没有这些情感，则重要的风险信息就不会出现的方式来更多地考虑重要的风险信息（Evans et al., 2015）。但是，这些同样具有适应性的心理捷径也会使得对科学的反应产生偏差。比如，作为这些捷径的结果，人们对新信息的初始情感反应可能会持续存在，因而影响并限制了他们如何对后续信息的反应（Bruine de Bruin and Wong-Parodi, 2014）。这些捷径通常还会让人们更多地关注消极而非积极的信息（Shaffer and Zikmund-Fisher, 2012）。

此外，当进行如那些涉及科学的，特别是涉及科学的不确定性的复杂判断和决策时，拥有较低数学能力的人有可能会依赖这些启发法（Peters et al., 2006; Sinayev and Peters, 2015）。他们还会更加依赖叙述以及用特别的视角（particular lights）对信息予以呈现的方式，而不是采用对理解科学来说至关重要的概率和其他数字（Peters, 2012a）。当然，拥有较高数学能力的个体有时候也会误解数字型信息并且利用启发法程序，只是程度较低一些而已（Chapman and Liu, 2009; Peters et al., 2007）。密切关注科学的不确定性及呈现其他数字的方式会降低对启发法的使用，并且增加对所提供的数字的理解和使用，特别是在那些数学能力不太强的人之中（Institute of Medicine, 2014）。

心理捷径的一种形式是动机性推理，它被界定为“对深植于大脑信息处理机制的基本结构中的那些能即刻获得的信念和感觉予以支持的一种判断的系统性偏见”（Lodge and Taber, 2013, p. 24）。[①] 大多数人在接受那些与他们所持的立场相矛盾的事实、证据和论点方面，都拥有这种天然的抵触情绪。因为个体往往会参与到动机性推理中，所以一个科学相关的话题及如何呈现那种信息的传播来源有可能会引发特别与之相关的思维路径和模式，而这会影响他们对所有后续信息的关注和解读（Kraft et al., 2015）。

（三）认知失调

认知失调是因为持有两种互相冲突的想法或一种与个人行为不符的想法而产生的不适感（Festinger and Carlsmith, 1959）。解决这种冲突的强大动力是通过改变个人的行为或想法来终止这种不适的欲望。认知失调会让人们试图去证明个人现有的行为或思维方式的正当性，因而做出抗拒变革的决定或采取抵制的态度。实际上，人们往往会怀疑或抵制那些对人们珍视的自由或者社会活动带来威胁或产生限制的专家的说服性消息（Byrne and Hart, 2009）。鉴于此，传播者要小心，不要去质疑或者攻击人们的价值观，而是要用不具有威胁性的方式来提供替代性信息。

① 很多社会科学学科研究了这种现象，虽然在术语使用方面会有所不同。比如在心理学和政治科学的某些领域，这被称为“偏见同化”（biased assimilation）；而在决策科学中，这被称为“贝叶斯更新”（Bayesian updating）（Lord et al., 1979; Munro and Ditto, 1997; Munro et al., 2002）。

第五节　对人们如何解读科学的社会影响

没有研究直接地考察人们置身其中的群体及社会情境（比如，社会网络、群体规范、群体成员身份和社会身份）如何影响科学传播（Bliuc et al., 2015; Pearson and Schuldt, 2015）。因而，我们需要开展一些研究，以研究群体（从当地政府、公民机构到规划委员会）对科学传播的专注或反应有何不同，研究在科学传播过程中如何能最好地触及作为受众或参与者的不同群体，以及如何让他们参与进来的机制。比如，一项着眼于科学素养的美国国家科学院的研究认为，"共同体持有的"科学素养是一个需要在未来研究中探讨的概念（National Academies of Sciences, Engineering, and Medicine, 2016c）。把社会影响考虑进来的研究可以利用统计学方法和数据采集方法的优势，这些方法在理解集体层面影响的方面要比现有的更加细致入微（Contractor and DeChurch, 2014）。

尤其需要的是，我们要更好地理解在很多传统形式的科学传播中那些作为受众或者参与者的代表性不足的群体。我们可以用种族、民族、语言、收入或教育水平对那些在科学传播的专注度或反应上有所不同的群体进行区分。由于条件、规范、信念或经历的不同，他们的反应也会有所不同。第四章将会讨论这些在知识习得方面的差异，这种差异通常被称为"知识差距"。在公共卫生领域，有证据表明，这种差距扩展到了对信息源进行获取的能力和对信息进行处理的能力上的差异，这可能受到语言障碍的限制，以及对公共卫生信息采取行动的能力的差异的限制，比如，源于缺乏健康保险而产生的差异（Viswanath, 2006）。

在有关群体差异的其他研究中，就诸如气候变化（McCright et al., 2016; Schuldt and Pearson, 2016）及对新医疗技术的接受（Groeneveld et al., 2006）这样的具体话题而言，不同的受众会有不同的反应（Blank and Shaw, 2015）。在某些情况下，这些差异可能植根于对科学的客观经历中，无论这些客观经历是当代的还是历史的。经常出现的对科学的滥用，比如“塔斯基吉梅毒实验”，似乎使得非裔黑人对科学更加不信任，虽然这种关联的确切性还不确定（Freimuth et al., 2001），就像还不确定这种不信任的程度一样。科学传播者最起码需要意识到，不同的群体会对来自于科学的消息进行不同的解读，并且在进行科学传播的时候，特定的传播渠道、模式、传播者或消息对于某些群体可能是有效的，而对于其他群体可能是无效的。

第六节　以不同的形式呈现科学

呈现科学信息的方式还会影响人们如何解读科学信息。然而如前面所讨论的那样，让公众正式地参与会促进多向传播。单向传播会更普遍地采用下述的方法，虽然并不仅限于单向传播。

一、框　　架

框架是以特定的方式安排信息以影响人们想什么、相信什么或做什么。框架通常被用来传播具有优先性的议题或成为问题的议题，确定谁或者什么应该对这个议题负责，以及对此我们应该做什么（Iyengar, 1991,

1996）。比如，可以将气候变化呈现为一种严重的环境风险、一种公共卫生风险或者创新和经济发展的一种机会（Nisbet and Scheufele, 2009）。包括对话、公共辩论和媒体报告在内的不同渠道都会利用框架进行传播。它们还被用来传播说服性消息，比如那些旨在进一步提升公共卫生相关目标的消息。营销专家和研究人员长期以来一直利用和研究在线上线下媒体中说服他人的传播方法，包括采用公共卫生实践的努力（Kotler and Keller, 2015; LeFebvre, 2013; Stewart, 2014）。虽然源于这些领域的方法和工具对科学传播来说是有用的，但是来自这些领域的任何实践都需要在以说服为目标的科学传播的情境下进行验证。

研究表明，当这种框架同个人组织、思考和解读世界的现有方式相关时，它们有可能会影响对复杂的科学相关辩论的判断（Nisbet and Scheufele, 2009; Scheufele, 2000）。比如，就转基因而言，放入社会进步和生活质量改善这个框架中的信息可能符合某个个体思考这个议题的方式，虽然着眼于公共责任和知情权的框架可能会吸引其他人①（Nisbet and Scheufele, 2009）。

截至目前，有关框架的大多数研究都涉及一些对比实验，这些实验传达了与一项行动或缺乏行动相关的收益或损失的等效消息。其他研究比较了具有不同侧重点的科学报告对受众的影响。比如，有些信息用本土或个性化的报道进行描述，而其他描述则提供了基本的知识或统计事实。

（一）收益 / 损失框架

在一系列领域开展的数百项研究测试了收益 / 损失框架策略影响特定行为模式的能力。对这些研究进行的回顾描绘了一幅自相矛盾且不确定

① 这个讨论着眼于有意图的框架（intentional framing），虽然框架总是存在于这样的信息中，即纵然传播者对框架的使用不是有意图的或不旨在对人们产生影响。科学家对框架的使用是一个有争议的话题。一个议题涉及如何选择一个不会意外地传播错误信息的框架（类似于科学家对在传播科学时利用类比的担忧）。另外一个担忧是，科学家是否应该对科学进行传播以影响人们，如第一章中所讨论的那样。对于科学传播中框架的伦理的深入讨论，见 Keohane et al.（2014）。

的画面。比如，在收益或损失方面，框架是否更有效，似乎会根据消息类型的不同而有所不同，也就是说，这条消息是旨在鼓励保持公共卫生的行为，还是检测疾病或采取减缓气候变化的行动（Gallagher and Updegraff, 2012; Rothman and Salovey, 1997）。

对收益 / 损失框架在公共卫生预防的态度、意图和行为（包括安全性行为和注射疫苗）上的效果进行测试的研究所开展的元分析发现，这个框架对态度和意图有很弱的效果或没有效果，并且对行为的效果也十分有限（O'Keefe and Jensen, 2007; O'Keefe and Nan, 2012）。在公共卫生促进研究中，框架的效果会有所不同，这取决于这条消息是旨在影响那些与皮肤癌预防、戒烟及体育活动相关的行为（因为在这方面发现了很小但可能很重要的效果），还是旨在影响那些对疾病检测的筛查的态度或意图。在气候变化传播的研究中也发现了类似的模式，比如，被放到环保收益和经济收益而非损失框架中的消息，为减缓气候变化相关的行动带来了更大的支持（Hurlstone et al., 2014; Spence and Pidgeon, 2010）。其他研究发现，当消息强调收益超过风险时，这个框架对态度没有影响（Bernauer and McGrath, 2016）。

（二）强调框架

在这一系列研究中，框架被渲染为一条阐释性的故事线，这条故事线涉及在一个复杂的政策辩论中什么才是事情的症结，以及为何这个议题很重要。通过提供不同的思路，故事线影响了决策，每一条故事线都强调一个复杂议题的一个维度，例如，指出一项新兴科学的新应用，而非其潜在风险和收益，比如纳米技术（Anderson et al., 2013）。在强调框架中，一个常见类型的实验对情节框架和主题框架进行了比较：科学信息以具体个性化的故事或更广泛的主题方式呈现。比如，情节框架可能着眼于上述疫苗对一个特定家庭及其孩子的健康的影响；相反，主题框架可能呈现的是疫苗注射率降到特定水平以下而出现的健康危害效应的可能性的统计数据。然而，正如收益 / 损失框架一样，在改变对特定行为的态度的方法或者对特定行为的支持程度上，有效性的证据还有些含混不清。在个性化报道方面，把诸如肥胖或气候变化这样复杂的科学相关问题置于鼓励某种行为或为政策行动获取支持的说服策略的框架中得出的结果也同样复杂。有些研究认为这种方法是无效的（Coleman et al., 2011; Hart, 2010），而其他研究则表明，叙述性语句会给特定的政策或注射疫苗的意图带来更大的支持（Dahlstrom, 2014; Nan et al., 2015; Niederdeppe et al., 2014）。

有些人认为，作为一个概念，框架过于宽泛，并且框架与媒体对人们在一些议题上的决策以及对他们来说十分重要的思维方式的其他影响过于重叠（Cacciatore et al., 2016）。这种概念性的晦涩可能是上述不确定的发现的一种解释。因为在对框架进行研究的学科内部或学科之间还没有开展系统性的研究，所以研究结果也似乎比较复杂。未来的实验研究在决定特定形式的框架对某些形式的结果的效果，以及评估这些效果在多大程度上可以推广到对一系列议题进行传播方面可能会成果丰硕。

我们可以通过全国性抽样及对框架进行的研究来强化有关框架效果的知识，在这里，人们受到来自于社交媒体和其他渠道的相互竞争的消息的影响（McCright et al., 2015; Nisbet et al., 2013），这如同典型的复杂且真实的传播环境。我们还需要开展一些研究，以决定一个议题的框架在多大程度上是重要的，以及何时更好地使用框架。同样重要的是，要决定持续地对一个议题进行重构的有效方式，以对人们随着公共争议的演化而对科学的认知和理解或误解方面产生的变化进行回应。

二、帮助受众理解不确定性和复杂性

一些研究评估了为更好地理解复杂性和不确定性而呈现信息的各种方式。科学传播者通常使用叙述——以故事的形式呈现的信息，包括复杂的数字型信息或统计信息——来帮助解释复杂的议题（Entwistle et al., 2011;

Reyna and Brainerd, 1991; Shaffer and Zikmund-Fisher, 2012）。相对于传统形式的科学传播，叙述可以增加受众对科学传播的参与和关注，并且能更容易地记住和处理（信息）（Bekker et al., 2013; Dahlstrom, 2014; Kanouse et al., 2016; Winterbottom et al., 2008）。然而，在利用叙述来促进对科学传播的理解上所开展的研究仍不充分（Dahlstrom, 2014）。在专家当中，对叙述的一个共同关切是它们会让人们摆脱对当前的统计学信息的使用（Downs et al., 2008; Kanouse et al., 2016; Shaffer and Zikmund-Fisher, 2012; Winterbottom and Bekker, 2009）。

可以料到，与涉及数字的那些阐释相比，数学能力不足的人更偏好以故事的方式呈现的阐释，并且也更容易受到这些阐释的影响（Dieckmann et al., 2009）；有更高数学能力的人对信息是如何呈现的不太敏感（Institute of Medicine, 2014）。这一发现与其他证据是一致的，即具有较低数学能力的人往往着眼于叙述，以及即便与要点毫无关系的其他非数学信息（比如信息框架），而忽略了相关的数字（Peters, 2012a; Reyna et al., 2009; Volk et al., 2008）。

尽管数字型信息给许多人带来了困扰，但有时候这是提升对科学的理解的最佳方式，如对气候变化科学知识传播、公共卫生科学知识传播和环境科学知识传播的实验所展示的那样（Budescu et al., 2009; Myers et al., 2015; Peters et al., 2014）。比如，相对于那些提供了非数字型描述性信息的共识相比，在气候变化的科学共识上，获取数字型信息的人更多的是以与现实相一致的方式来评估这种共识的（Myers et al., 2015）。

第七节 政策制定者的特殊情况

政策制定发生于一个复杂的系统中，这个系统包括正式的结构和程序，以及对介入一个系统中的人遇见和阐释信息的方式如何产生影响的范围广泛的政策网络、行动者、机构。当政策议题有重要的科学内容时，与这个议题有关的政策网络通常会包括伴有科学专业知识的个体和机构（Dietz and Rycroft, 1987; Dietz et al., 1989）。尽管如此，在推理方面的偏见、对新信息的同化，以及人们与和自己同类的人建立人际网络和联系的趋势，会阻止信息在不同网络之间的传播和使用（Henry and Vollan, 2014）。

研究表明，在决策中利用科学并不是一个牵涉信息的供给与具体决策之间简单且具有追溯性关系的直截了当的过程。即便决策者获取且理解了信息的所有相关来源，他们也未必会看重科学或把科学用在对政策选择的鉴别和选择上（National Research Council, 2012; Weiss, 1988）。然而，在影响决策者对科学的理解、认知和使用的有效实践与结构方面的证据还有些贫乏（National Research Council, 2012）。

像上文对有关一般决策的讨论那样，决策者不会单独地依靠与一个议题相关的科学信息。价值观和个人利益在政策过程的每个阶段都会发挥作用，从议程设置到政策形成、预算、政策执行、政策监控及政策评估。与其他所有人一样，决策者也会用到前面讨论过的对信息的关注和使用产生影响的心理捷径，包括在做决策时（Carnevale et al., 2011）。总体而言，科学传播对政策决定的影响的证据仍然稀少且模糊。更广泛的文献考察了政策网络的结构如何影响价值观和信仰，以及如何被它们所影响，但是就研究科学理解本身而言，相关的研究才刚刚开始（Frank et al., 2012; Henry, 2011; Henry et al., 2011）。缺乏这方面证据的一个原因是研究和评估决策者如何理解来自于科学的信息，如何受到这些信息的影响，以及如何利用这些信息并不容易。至于科学相关的能力和知识，决策者存在着差异，并且决策者在某些方面也受到对每个人在理解和认知科学方面产生影响的同样因素的影响。比如，与大多数人一样，他们需要受信任的渠道来阐释科学信息并证明其有效性。

在复杂的决策环境中，我们几乎不可能明确地知道一项由个体或群体因接触相关信息而做的具体决策的确定性。从科学的角度来看，向决策者进行传播的一个目标就是，要确保那些可能会利用相关科学信息做决策的人能收到并理解这些信息。从这个视角而言，通过在正式决策过程中对收到、理解、共享和讨论的信息进行记录归档，我们可能就足以评估科学传播的有效性了（比如正式的论辩、国会陈述、公共协商）（National Research Council, 2012）。在决定科学传播如何影响这些过程及决策者如何受到科学相关争议的影响方面，人们还需要开展一些研究。

就决策者所使用的科学信息进行聚合、扩散和阐释而言，个人和机构都发挥了一定的作用。接下来的部分将对决策制定情境中科学传播的几种方法进行述评。

一、聚合与翻译

向决策者传播科学的一种方法涉及单向传播，比如议题简述或网站。传播者利用了来自于公共卫生和教育领域的方法的案例，包括科克伦协作组织（Cochrane Collaboration）、坎贝尔协作组织（Campbell Collaboration）、有效教育策略资料中心（What Works Clearinghouse）。这些机构采集了通过研究总结、清单或指南而对传播施加的有效干预的证据，以便决策者能轻易地理解与一项决策或眼前的任务相关的信息。然而，还不清楚这种翻译努力是否会增加对基于证据的决策的理解或者使用（Ginsburg and Smith, 2016; Glasgow and Emmons, 2007; Green and Siefert, 2005; Lavis, 2006; Slavin, 2006）。

二、代　　理

对科学传播来说，另外一个有组织的方法是以代理的形式出现的。在这种情境中，代理人就是一个机构或一个人，它（他）通过提供信息而把科学和政策制定衔接起来，并同时在该网络内发展关系，以及把那些生产知识和可能使用这些知识的人关联起来。就涉及科学的复杂社会问题或争议性社会问题而言，代理可能包括在众多利益相关者中促成议程设置和其他对话。虽然个人可能会充当代理人，但是边界机构也可以发挥这种作用，并且它被认为对增加以证据为前提的决策至关重要（Dobbins et al., 2009）。边界机构是在研究者、利益相关者和决策者之间促进信息流动并同时避免倡导政策立场的实体（Bednarek et al., 2016）。他们可能是智库、基于大学的政策中心或其他非营利性研究机构和政策机构。这种机构能够投入完成任务所需的时间、专业知识和资源，并且在把研究者和决策者关联起来方面非常有用（Bednarek et al., 2016）。一小部分新兴的文献记录了边界机构取得成功的过程、相关成果和条件，这些文献主要由完善的政策网络的案例研究构成（Am, 2013; Bednarek et al., 2016; Leith et al., 2016）。当信息被用于桥接组织（bridging organizations）和政策网络中时，另外一些新兴的研究考察了信息是如何流动和演化的（Bidwell et al., 2013; Frank et al., 2012; Henry and Vollan, 2014; Lemos et al., 2014; Lubienski et al., 2014）。在这种网络和机构的情境下，还需要对如何更好地对科学进行传播以实现特定目标开展一些研究。比如，边界机构对科学相关议题政策讨论的质量和结果会产生什么影响？

三、伙伴关系

另外一种方法是建立伙伴关系，它旨在通过把数据和证据作为决策者及那些执行政策的官员的专业知识、价值观和实际经验的补充而非替代品的方式来促进传播。通过由伙伴关系产生的与政策体系和实践社群的成员的相互作用，研究人员理解了当地需求和环境，同时，决策者和从业者对研究过程和他们在研究过程中的作用有了更好的理解。通过构建对科学的理解和信任，研究者、决策者和从业者之间持续存在的关系能够直接地为科学传播带来好处，这种理解和信任可以挫败把科学带入公共争议的企图（Bryk et al., 2011; Cohen-Vogel et al., 2015; Tseng, 2012）。因而伙伴关系的形成——比如为教育（Coburn and Penuel, 2016）、司法正义（Sullivan et al., 2013）、公共卫生（Kothari et al., 2011）而建立的伙伴关系——会增加研究对决策的有用性。在某些情况下，这些伙伴关系对关键政策议题相关的科学知识的现状进行了评估，比如气候变化（Morgan et al., 2005; National Research Council, 2007）。因为一个伙伴关系中的所有参与者通常都会一起工作并且彼此了解，他们学会了彼此信任且进行有效的传播。这种信任和方便的沟通，让设计对各方的需求和目标有所回应的研究议程和协议方案成为可能，并且让对研究结果进行传播成为每个群体职业生活的一个自然且持续存在的因素。因而，来自于研究的“好消息”和“坏消息”都会被接受、构建和使用。然而，关于这种伙伴关系的大多数现有信息都是描述性的，因此，我们需要对不同类型的伙伴关系在传播科学上取得成功的条件开展一些研究。

公共卫生科学是一个例外，在公共卫生科学的传播和实施领域有大量的研究，其目标是制定策略，以推动基于证据的实践（比如行为干预、诊断治疗）有效地整合进公共卫生、临床实践和社会情境中（Brownson et al., 2012）。这个研究的传播要素着眼于扩散传播有关基于证据的干预的信息。执行研究（implementation research）开始于认识到以建议或指南的形式进行的单向信息流动不足，以保证对基于证据的实践的使用。因而，这项研究包括对研究者和从业者之间关系的关注，对社区参与式研究的关注，以及对遍及发展过程和执行过程之中的干预措施的众多利益相关者与使用者的参与的关注。其他学科在传播科学方面也面临类似的挑战，但是在研究这个问题时会利用多元的方法和语言。在像证据不断增长的公共卫生科学这样的领域，需要对影响科学的传播因素进行综合评价，以便因类似原因而对科学进行传播的其他领域可以在类似情境下应用和共享这些发现。

第八节　科学传播的信任和可信性

在某种程度上受到在线传播的发展的刺激及相伴而来的主流媒体中科学报道的下降的影响，对科学进行传播的人和机构的类型与数量也越来越多。这些传播者包括科学家自己、卫生保健提供者、政府、媒体、工业企业、一系列机构及个体公民，很多人际关系因素影响着人们之间的传播。然而，对于科学而言，它的产品是基于证据的信息，把科学视为有效且有用的信息来源是尤为关键的。下面一部分描述的是对科学传播中的信任产生影响的因素及受到信任所影响的传播结果的类型。

一、影响信任和可信性的因素

在科学传播中，受众决定了作为信息来源的传播者或他们所代表的组织是否可信以及是否值得信任。人们会用这些判断来决定关注什么信息，以及如何看待这些信息。虽然信任没有广为接受的界定，但是关于信任的很多概念体系都包括了下面三个要素：正直（那些被信任为公平公正的人）、可靠性（在他们说他们会那样做方面是可靠的）以及胜任力（去做他们说他们会做的事情的能力）（Hon and Grunig, 1999; Rahn and Transue, 1998; Roduta-Roberts et al., 2011）。有人把信任描述为一种关系，在这种关系中，双方愿意承担风险，并且对他们未来的相互作用会是什么样子的不确定性表示接受，还有人把信任视为一种脆弱的意愿（Colquitt and Rodell, 2011; Earle, 2010; Henry and Dietz, 2011）。有些人把信任视为认可某人是正确的（根据对他们未来意图的评价）（Earle, 2010）。有些对信任进行的概念化强调在科学共同体中顺从或者依赖决策者来了解并采取最好的行动（Brossard and Nisbet, 2007; Siegrist et al., 2000）。没有机构、组织或专家在所有议题上都会普遍地得到信任。人们通常通过与所传播的信息的关系来判断可靠性（Chryssochoidis et al., 2009; Lang and Hallman, 2005），并且他们并不必然地认为一个特定的来源就值得信任，而且在各种情况下都是可信的。

人们通常依赖两种类型的社会信息来决定他们会信任谁以及谁在科学议题方面是可信的：①有共同兴趣，这被界定为对传播者和听众从传播中获得同样结果的期望的认知；②感知到的专业知识（Lupia, 2013; Siegrist et al., 2000; Suhay and Druckman, 2015）。因为真正的专业知识不如感知到的专业知识重要，比如科学上的造诣（Lupia, 2013），科学家并不会自动地在很多受众中获得可信性。可信性是由听众赋予的，而不是发言人所固有的特征。正如信任一样，可信性通常也包括一个着眼于对传播者感知到的诚实和坦率的维度（Renn and Levine, 1991）。如果受众相信他们可以从一个来源学到些东西，那么他们就更有可能认为这个来源可信（Lupia, 2013）。

一般来说，公众一贯地对科学家抱有稳定的高信任度（Gauchat, 2011, 2012; National Science Board, 2016a; Pew Research Center, 2015a）。比如，对于有关转基因生物的信息而言，大学和产业里的科学家、大学工作人员和医务人员被视为相对可信的信息来源，虽然产业消息被视为是最不可信的（Corley et al., 2012; Ipsos MORI Social Research Institute, 2014; Lang and Hallman, 2005; Nisbet and Markowitz, 2016）。然而，个体信任的科学来源的类型会随个人政治意识形态的变化而变化（McCright et al., 2013b）。至于公众对科学领袖和制度的信心，“综合社会调查”（General Social Survey, GSS）表明，41% 的公众对科学领袖有很大的信心，49% 的公众对科学领袖有一定的信心，然而对其他领袖和制度的信心则陡然下降（Gauchat, 2011, 2012; National Science Board, 2016a）。如“综合社会调查”所测量的那样，人们对科学领袖的信心似乎也随着性别、年龄、种族、民族的变化而变化，这个比例在女性、年龄偏大的美国人等中稍微有点儿低（National Science Board, 2016a）。

超出政治意识形态之外的个人因素和社会因素都会影响公众对有关科学的信息来源及科学本身的信任，比如民族、种族、收入、宗教信仰、社会资本、教育水平和知识：这取决于话题和被传播的科学的本质（Brewer and Ley, 2013; Gauchat, 2011, 2012; McCright et al., 2013b; Sturgis and Allum, 2004; Yearley, 2005）。此外，社会认同（人们如何在对他们来说很重要的不同群体中看待自己）会影响一个人如何思考和感受科学（National Academies of Sciences, Engineering, and Medicine, 2016c），特别是当那个人对一个议题的知识非常有限时（Earle, 2010）。对科学权威的尊重与教育水平之间存在着显著的正相关，同时这也与对科学家和一般意义上的科学的信任紧密相关。这种顺从似乎是人们依赖的一种长期价值观，特别是当他们对一个话题的知识较少时（Brossard and Nisbet, 2007）。有些研究表明，顺从科学权威的人对科学及其应用具有较高程度的支持，这在一定程度上要以他们对专家的信任为基础（Brossard and Nisbet, 2007）。

当来自于科学的信息与个人的政治意识形态不一致时，无论这种意识形态是保守的还是自由的，他们对这种信息的接受程度都会像前面所讨论的那样下降，同时一项实验表明，他们对这种信息的信任也会下降（Nisbet et al., 2015）。媒体，特别是党派媒体，会影响人们对科学家的信任，这反过来会影响他们对科学的认知（Hmielowski et al., 2014; Nisbet et al., 2002）。初步研究表明，至少在某些情况下，为让外行参与进来并把对科学证据的逻辑推理作为得出结论的一部分而给科学家制造一种不太具有党派性的环境，有助于抵消掉动机性推理（Jamieson and Hardy, 2014）。

大量文献表明，通常人们在确定其他人是否有良好的初衷和足够的能力来采取行动时，对其他人热情和才干的判断非常重要（Fiske et al., 2007）。这些因素在许多情境下与信任相关，包括风险传播、政治传播和就业情境（Chryssochoidis et al., 2009; Colquitt and Rodell, 2011; Fiske and Dupree, 2014; Peters et al., 1997）。对信任的另外一种影响因素就是受众对传播者动机的信任程度（Chryssochoidis et al., 2009; Lang and Hallman, 2005; Rabinovich and Morton, 2012）。比如，对经济动机或个人利益的认知与对信息来源的较低信任存在相关性（Lang and Hallman, 2005）。其他研究表明，人们会拒绝那些他们视为对其进行说服的努力（Byrne and Hart, 2009; Jacks and Devine, 2000）。

当信息的来源是一个机构时，传播者和机构的品质都会影响信任。对信任具有积极影响的品质包括被认为在提供精确信息方面具有良好的记录，诚实，关注公共福祉，展示出开放、关切和关爱，被认为不太可能有追求利己主义的动机，被视为知识渊博（Chryssochoidis et al., 2009; National Research Council, 2012; Rabinovich and Morton, 2012）。当人们认为普通公众可以轻易地获取个人或机构开展的研究时，人们就会更信任这些个人或机构（Critchley, 2008）。虽然透明性可以增加信任的证据很有限，但是缺乏透明性会增加不信任感，因为这会在讨论风险时忽略掉有关不确定性的信息（Frewer et al., 2002; National Research Council, 2012）。对信任的认知与对公平性的不同维度（比如程序公平或结果公平）的认知之间似乎是紧密相关的，但是还不清楚哪一种认知会居于优先地位（Earle and Siegrist, 2008; McComas and Besley, 2011; McComas et al., 2007）。

科学共同体本身之内的一些议题似乎有可能会影响对科学和科学家的信任，虽然还没有十分详尽地对这些影响进行过研究。这些议题中的一些来自于对科学开展的方式进行翻译的复杂性；其他一些则源于科学家和科学共同体之外的其他人（比如记者）如何对研究结果进行传播；还有一些来自于利益冲突，对科学的故意曲解，或者无法复制研究发现（Ioannadis, 2005; Mnookin, 2012; National Science Foundation, 2015; Open Science Collaboration, 2015）。这些议题在多大程度上会真实地影响一般受众的认知，仍然尚不清晰。

二、受到信任和可信性影响的科学传播的结果

如前所述，信任和可信性对科学传播十分重要，因为它们会影响人们对来自于科学专家的指导意见的关注程度，以及影响他们是否相信科学研究结果或是否会支持与科学相关的决策（Bleich et al., 2007; Brossard and Nisbet, 2007; McCright et al., 2016; Rabinovich and Morton, 2012）。信任还会影响对一般意义上的科学的态度。比如，研究表明，对科学信息采取行动的意愿的差异会受到信任的调节（Rabinovich and Morton, 2012）。然而，还不清楚对一个议题的态度是否会影响对这个议题的信息来源的信任，或者反之亦然（National Research Council, 2012; Roduta Roberts et al., 2011）。对于与科学相关的产业而言，先前存在的信任水平会影响对这个产业的消息类资讯和正面资讯的看法（Cvetkovich et al., 2002）。

如果人们信任一种制度可以管理传播的风险，那么，他们就会认为这种风险较小或其潜在收益较大（Chryssochoidis et al., 2009）。比如，研究表明，在支持核能方面，人们对制度的信任有很强的影响（Besley, 2010; Besley and McComas, 2015; Visschers and Siegrist, 2012; Whitfield et al., 2009）。

受信任的朋友和家庭成员可能是人们对科学相关议题采取行动的一个重要的动机来源。比如，公众成员表明那些与他们关系亲近的人会是最有可能说服他们采取行动来减缓气候变化的人，如配偶、孩子或朋友

（Leiserowitz et al., 2013）。

不断蔓延的对科学的不信任要比建立起对科学的信任似乎更能影响科学传播（Slovic, 1999）。不信任是对某人缺乏可信性且有恶意的意愿去撒谎或欺骗的一种评价（Hon and Grunig, 1999）。在开展科学研究或对科学进行传播方面，不信任可以源于前面所讨论的科学共同体内部的议题，或者它会受到科学共同体之外的行动（如谎报信息或故意地传播错误信息）的推动。

在某些科学政策背景，不信任可能是最强烈的，即个体认为自己的价值观、身份或利益受到威胁，而不管他们有什么样的意识形态（Braman et al., 2012; Kahan, 2012; McCright et al., 2013b; Nisbet, 2005, 2011）。总之，研究表明，在不同的议题和学科中，作为对传播者的动机、未来意图、正直和可靠性的一种评价以及作为对传播者能力的一种信心，信任对于人们对科学的认知以及他们解读科学信息的方式都是重要的。此外，环境方面的因素，包括大众媒体，也在很多重要方面与信任相互作用。

然而，在科学传播中对信任、可信性和相关因素的作用的研究需要解决一个重要的局限性：这些概念以各种不同的方式进行着概念化和测度。此外，在与信任相关的文献上存在着的一种假设是，人们会把一个消息和它的出处关联起来，并且相信这个消息是以对其出处的信任为基础的。然而有些研究表明，随着时间的推移，人们会记住他们接收到的信息的内容，但不会记住信息的出处（Mares, 1996）。如果人们反复地接触同样的信息，他们可能会认为这个信息是真实的，即使它的出处是虚构的（Shrum, 2007）。我们还需要开展研究，以理解影响人们对科学和科学信息的信任的因素。作为这个研究的一部分，重要的是要明晰信任和可信性的维度，以及这些维度如何彼此联系。信任的变化如何因传播者、传播目标（比如告知和说服）及传播情境的不同而不同？信任如何随着与一个议题相关的科学进行的传播的变化而变化？在与科学相关的争议中，是什么因素影响了对科学家和科学理解的信任和可信性？比如，在这种情况下，如果科学传播者坦诚地公开自己的价值观和偏好，这会给人们对他们的信任带来什么影响？

第九节　借鉴大规模科学传播工作的经验

也许关于有效的科学传播的一些最中肯的智慧来自于旨在告知公众、影响舆论并且激励行为变化的大规模信息宣传运动的经验，比如那些公共卫生运动。这种运动面临的挑战和取得成功的经验为我们提供了诸多可借鉴之处，下面将进行阐述。

一、接　　触

通常，就让足够的目标受众充分地接触信息以带来某些改变而言，我们给予的关注还远远不够。一项接触策略涉及对频率，通过什么方法，一条信息应该在什么时间段内进行传播，以及谁是预期受众进行界定（Hornik, 2002）。实现预期接触的目标的计划方案会约束信息的塑造，因为信息需要满足传播者能够提供且掌控的传播方法。为了行之有效，有些类型的信息可能比其他类型的信息需要更多的接触，比如那些旨在解决一个问题但尚未被广为认可的信息，或者那些对公众已经获得的信息予以驳斥的信息。

二、时　　机

研究表明，如果在人们对一个话题形成坚定的意见之前开展传播，那么以教育为目标的传播可能会产生更多的影响。比如，那些尚未听说过某项技术的人会受到简短且情感相对模糊的信息的影响，比如碳捕集与封存。然而，一旦人们的观点已经形成，那么通过提供科学信息则难以改变这些观点（Bruine de Bruin and Wong-Parodi, 2014; Lewandowsky et al., 2012）。在传播的其他领域观察到的“接种效应”（inoculation effects）表明，在初期就对科学进行传播，包括让人们有能力去反驳接触到的错误信息的缺陷，也会让公众对那些在曲解科学上存在利害关系的人所提供的错误信息的扩散上出现“免疫”（Cook, 2016）。这也支持了鼓励在人们遇到错误信息之前，就把对信息来源善意的怀疑态度作为降低人们对错误信息敏感性的一种方式（Lewandowsky et al., 2012）。此外，在让公众参与的正式努力上所开展的研究表明，如有可能，公众的参与应该开始于一个议题出现在公共辩论中之前（National Research Council, 2008）。比如，基因编辑的案例凸显了在一项技术的演化中尽早地开展公众参与的需求，早在它研发并且已经准备应用之前就应该加以考虑（Jasanoff et al., 2015）。然而，同时对科学进行传播的早期努力也有可能会产生这样一种情形，即公共辩论变得极化并且产生了行动型公众（activist publics）（Grunig et al., 1995）。这些因素会增加对科学进行传播的环境的复杂性，第三章和第四章将会对此进行讨论。因而，虽然早期的传播一般来说会更好，但是鉴于传播的目标和情境，我们还需要对时机有更多的了解。

三、持续时间

在实现特定的传播目标上，我们可能需要长期且综合性的方法（Hornik, 2002）。比如，在戒烟的案例中，高血压控制和预防艾滋病病毒传播的努力持续了数月，甚至是数年，众多机构和团体参与到这个议题中，这项运动产生了很多常规媒体报道。其背后的理念是，在向各种公众传播具有共识的信息方面，由多元的行动者通过各种平台对发布的信息重复地曝光是有效的。也有可供选择的备选方案，比如尝试影响新闻报道（Wallack, 1993）或者娱乐节目的内容（Singhal and Rogers, 2012）。采用这些类型的媒体策略，可能会达到预期的曝光效果，但是也需要让渡对信息的严格控制。

第三章

与科学相关的公共争议的本质

虽然公众对科学和科学家总体上的态度是积极的，但是在具有科学因素的具体的争议性议题上，他们的态度通常是存在争议的。如第一章所述，有些公共争议源于科学本身就无定论这个事实，还有些源于科学所呈现的东西与根深蒂固的常识性感知或者深信不疑的伦理、道德或者社会价值观之间的脱节。通常，利用科学来开发或者利用一项技术，或者做出具体决策所带来的道德、伦理和社会启示要比科学研究成果本身更具有争议性（Sarewitz，2015）。在科学共同体、决策者和公民之间，有关一些议题的公共辩论有助于揭示持有不同价值观的人们之间的一些共同点。虽然事实并非总是如此，但是来自于科学的清晰信息能让人们做出更理智的选择。公共卫生的辩论也能强化科学，从而对科学的主张提出挑战，并推动更好的证据的出现。

当具有科学因素的公共争议（与科学相关的争议）源于不确定性时，有关科学的现状的清晰且精确的信息就会被曲解，并且难以识别，比如，那些源于尚无定论的科学发现的争议，或者源于科学共同体内对如何解读科学的结果或者如何传播这个结果存在分歧的争议。① 如第二章讨论的那样，对科学进行传播几乎总是一项复杂的任务，部分原因在于不同的个体、社会群体、共同体与决策机构对科学信息及其启示的理解、认知和解读是不同的。虽然这种现象并非科学所独有，但对科学来说却是十分重要的，因为它让科学传播的过程变得困难起来。在对与科学相关的争议进行传播时，诸如互相冲突的价值观、相互竞争的经济利益和个人利益，以及群体忠诚或者机构忠诚这样的因素，会在人们的个人决策或公共政策的决策中发挥核心作用。

很多企业、倡导组织和非政府组织、政府机构和科学家自己这些当事方通常会参与到与科学相关争议的辩论中，对这些议题所做的决策通常包括企业政策、法律和规章及国际协议。这些决策的高风险性会让众多参与

① 在如何解读科学研究成果方面缺乏清晰性也可能是因为科学共同体中存在的一些问题，这些问题可能包括发表性偏倚，统计误用，重现的问题，在呈现的数据之外陈述结论，以及当研究设计不能证明研究的有效性时使用因果语言（Boutron et al., 2014; Gelman and Loken, 2013; Ioannidis, 2005）。

者相互竞争的利益和政治控制彼此对抗（Lupia, 2013; Nelkin, 1992; Nisbet, 2014）。在对与争议性议题相关的科学进行传播上，发挥重大作用的是有组织的利益而非科学，并且这可能会影响人们对科学以及相关科学信息的判断。

为了在这些条件下对科学进行有效的传播，要理解科学如何以及为何成为公众争议的一部分，还要理解那些对人们如何遇到、解读并且利用科学信息产生影响的因素。

第一节　科学相关争议的起源和动力机制

与所有的争议一样，涉及科学的争议存在于特定的历史、地理和社会情境中。受众的政治承诺、文化、历史和宗教信仰会影响他们对一般意义上的科学的认知，特别是与一个议题相关的科学信息的认知。比如，国家文化对人们如何解读科学及如何对科学做出反应具有不同的影响（Bhattacharjee, 2010; Miller et al., 1997; Scheufele et al., 2009）。这也是一个科学议题在美国有争议而在欧洲没有争议的原因，如同气候变化这个议题一样；或者相反，比如在食品中引入转基因生物。这种现象并不局限于民族国家之内。牵涉科学相关争议的机构和公民组织（比如，可能包括社区组织和专业组织、宗教组织、政治组织、消费者组织、社会活动组织或慈善组织在内的非政府组织）不仅仅是个体的集合，而且有他们自己的属性和动力机制，就像第二章中所讨论的那样，这些属性和动力机制会影响他们的成员如何认知信息，以及如何做出决策。

科学相关争议的多元本质和起源反对就与科学相关的争议进行简单的

分类，并且几乎不可能进行简洁的对比。在这些争议上，我们可以理解的很多东西来源于历史记录、案例研究、民族志和其他描述性工作。然而，尽管它们存在着多样性并且植根于历史和文化情境之中，但是与科学相关的争议通常有下面三个共同特点。

（1）位于这个辩论核心的是个体和机构在信仰、价值观和利益方面的冲突，而非只是对科学知识的需求。

（2）公众会从科学或科学的启示方面来认知不确定性，或者把不确定性视为传播者在公共领域做出不同且有时自相矛盾的陈述的一种结果。

（3）组织利益及具有影响的个体的声音在公共话语中被放大了，从而难以让科学证据的状况变得清楚。

这三个特征为在有争议的情况下对科学进行有效的传播带来了很大的挑战，并且下文会以此对其进行讨论。在每种情况下，相关的讨论都会从研究文献中借鉴一些案例，并且为传播者及未来的研究方向提出一些启示。

第二节　信仰、价值观与利益的冲突

大多数公共争议，无论是否与科学相关，都来自于个体和机构相冲突的关切。争议可能植根于不同的信仰和价值观，个人的、政治的、社会的和经济的利益，恐惧，以及伦理和道德考量，所有这些都是决策的核心，并且通常受到公共辩论的制约。当科学证据同一个争议性议题相关时，告知公众就非常关键。然而，重要的是要知道，即使科学是清晰的，并且人们也可能已经理解了科学，但是他们仍然不认同科学的启示。比如，有些人可能意识到了一项新技术的益处，但是他们认为这不值得冒险，或者断定它的使用在伦理上是有问题的。

因为一个争议可能涉及高风险的承诺和利益，因而在召集公众方面需要付出巨大的努力。在一系列记录在案的案例中，科学之外的有组织的利益试图通过推动一种争议的极化来保护他们的利益（与公众成员进行结盟以反对僵化且截然相反的观点）（Brownell and Warner, 2009; McCright, 2000; McCright, and Dunlap, 2003; Michaels, 2006, 2008; Michaels and Monforton, 2005; Oreskes and Conway, 2011）。与其他公民一样，科学家和他们的机构也有他们要捍卫并提升的经济利益、职业利益和个人利益，这一事实可能会影响他们传播努力的焦点。

一、理解个人的信仰与价值观的作用

如第二章所述，当科学和新兴技术对人们的信仰形成了挑战并且威胁到人们根深蒂固的价值观时，他们对科学和科学信息的态度就会受到影响[①]（Blank and Shaw, 2015; Lupia, 2013; McCright et al., 2016）。在不同的与科学相关的争议中，从气候变化到转基因生物再到纳米技术和基因检测，由于政见相左，那些知识渊博的科学家可能对科学具有相反的认知或者对科学的支持程度也有所不同（Cacciatore et al., 2012; Hart and Nisbet, 2012; Ho et al., 2008; Hornsey et al., 2016; Nisbet, 2014），并且对开展这种科学研究的科学家的信任度也较低（Pew Research Center, 2016b）。党派性同认知或者支持程度之间的关系也可能受到人们使用媒体的方式的影响（Cacciatore et al., 2012; Ho et al., 2008）。此外，旨在说服人们采用特定实践或者行为的信息可能会产生相反的效果，并且这种信息的效果在不同

① 大量的研究考察了如何对价值观、信仰、态度和规范进行概念化，如何对它们进行衡量，以及它们之间的相互关系（Dietz, 2015; Oskamp and Schultz, 2005; Schultz et al., 2007; Steg and de Groot, 2012）。这种文献大多数对于理解科学传播不同方法的效果具有启示作用。为简洁起见，这里使用的“价值观、信仰与利益”包括了对理解科学、接受科学信息、利用科学信息做决策具有影响的一套更全面的社会心理学因素。

群体间也是不同的（Asensio and Delmas, 2015; Byrne and Hart, 2009; Dietz, 2013a; Gromet et al., 2013; Nyhan et al., 2014）。比如，格罗梅（Gromet）与其同事（2013）发现，由于个人政治意识形态的不同，倡导能源效率的各种框架的有效性也是不同的（在第二章中讨论过“框架”）。来自于公共卫生领域的案例［比如，人乳头状瘤病毒（HPV）疫苗和乳房 X 射线照相术］阐明了当一个议题同政治家、党派政策或者对这个议题的政治框架新闻相关联的时候，对医生的信任以及对公共卫生政策和项目的支持因而也会受到影响（Fowler and Gollust, 2015）。

在一些与科学相关的争议中，宗教信仰和价值观要比政治意识形态更能发挥核心作用（National Research Council, 2008; Pew Research Center, 2015b）。比如，当科学涉及人类或宇宙的起源时，人们可能会认为他们的宗教观念受到了挑战，并且他们所表达的观点可能反映出他们的信仰与他们对《圣经》的解读相一致，而非与他们对科学的理解相一致（National Research Council, 2008; Berkman and Plutzer, 2010）。那些选择宗教信仰的承诺而舍弃科学陈述的人不必然否认科学本身，并且可能清楚地知道相关的科学新闻（National Science Board, 2016b）。比如，在 2012 年的一项调查中，一半的受访者被要求判断“就像今天我们所知道的那样，人类来源于早期的动物物种”这种陈述的对或错，在这些受访者中，有 48% 的受访者选择了“对”；而另外一半多的受访者被要求判断下列陈述的对或错，“就像今天我们所知道的那样，根据进化论，人类来源于早期的动物物种”，在这些受访者中，足足有 74% 的受访者选择了“对”（National Science Board, 2014, 2016b；Berkman and Plutzer, 2010）。

在围绕着与科学相关的争议出现极化这个问题上，通常会有各种解释。其中一种解释在第二章中讨论过，即动机性推理。在这种情况下，人们往往不会采用与他们根深蒂固的观点或者价值观相冲突的解释。另外一种相关的解释就是，文化偏见会影响人们的风险认知和相关的信仰，具体来说，就是偏好平等而非权威，偏好个人主义而非共同体（Kahan et al.,

2009）。根据这种解释，人们会保留自己作为社会群体成员的一种身份认同，这种社会群体在一定程度上遵循特定的文化价值观，也就是，他们不会采用与他们认为的群体成员所持的立场相反的立场。然而，可能很多美国公众有更温和的忠诚度和观点，并因而不受群体价值观的影响的制约。此外，一系列研究表明，通过个体的价值观可以预测他们对风险的认知（Dietz et al., 2007; Slimak and Dietz, 2006; Whitfield et al., 2009）。这种研究需要加以扩充以及进一步的整合，以考察它在预测人们对科学传播的不同方法的反应上的有用性。

二、在相互竞争的信仰、价值观和利益的情境下传播科学

相关的研究已经找到了若干可以缓和科学传播上相互竞争的信仰、价值观和利益的影响的策略。这些策略包括为了让人们理解并且说服人们，要对来自于科学的信息进行定制化，以及让公众参与进来。

（一）为理解和说服而对来自于科学的信息进行定制化

为不同的受众定制科学信息是避免对根深蒂固的信仰形成直接挑战又能提供精确信息的一种方法。人们往往对那些似乎与他们的价值观相一致的方式所呈现的信息保持更开明的态度（Corner et al., 2012; Kahan et al., 2010; Lord et al., 1979; Maibach et al., 2010; McCright et al., 2016; Munro and Ditto, 1997）。利用这种方法有助于建立信任和可信性，但是科学的传播者需要避免把科学认识和他们自己的价值观混为一谈。传播者不能认为自己的信息传达了道德上的责任，或者假设自己的价值观是放之四海而皆准的。

在某些情况下，定制化策略利用社会营销和受众细分中的研究（Bostrom et al., 2013）来说服人们改变他们的态度或认知，或对以完善的科学证据为基础的公共福祉采取行动，比如为了公众的健康以及单个儿童的健康而提高疫苗接种率。把大量潜在受众分成亚群并为每个亚群定制有

差异的信息的这种实践被称为“用户细分”。虽然采用这些方法对科学进行传播的大多数努力都发生在公共卫生传播领域（Slater, 1996），但是在某些情况下，会利用有关人们的价值观和信仰的信息来“精巧地设计”信息，以便激励人们适应气候变化或者采取与科学共识相一致的观点。然而，这个领域的研究才刚刚兴起（Hine et al., 2016; Maibach et al., 2011; Moser, 2014），其他研究则着眼于对信息进行定制以传播有关环境的信息（Spartz et al., 2015a; Witzling et al., 2016）。

研究人员需要重复并扩展对受众进行细分的方法的研究，以理解科学传播会有多大的效果，对谁产生效果，以及在什么情境下产生效果。一个相关的议题是，旨在说服人们采用有科学支持的立场的定制化信息是如何影响人们对科学家和科学信息的认知的。

（二）让公众参与进来

在第二章中，在与科学相关争议的情境下开展科学传播的一种方法就是让公众参与到对这种议题进行决策的正式过程中。公众参与通常是当选官员、政府机构和其他公共部门组织或私营部门组织所采用的一种正式程序，目的是增加公众对评估、策划、决策、管理、监测和评价的参与（National Research Council, 2008）。对公众参与的研究，考察了使公众参与成为评判不同观点的成功方法的条件和实践。对这个话题进行的研究在范围上是不同的，有些领域的研究要远远好过其他领域的研究。美国国家科学院开展的研究考察了过去 20 多年来公众参与风险评估的程序以及参与同技术和环境相关的决策的程序（National Research Council, 1996, 2008）。在对涉及环境议题相关的大约 1000 项研究的文献进行的回顾中，一份美国国家科学院出台的报告为有效的公众参与提供了一些原则，并且总结道：

> 在（公众参与）做得很好的时候，公众参与会改善决策的质量和合法性，并且促进所有参与者的能力建议，以参与政策过程。这可以在环境质量和其他社会目标方面带来更好的结果，也能增强各方之间

的信任和理解。（公众参与）做得很好时，能促进信任且解决受影响的利益相关者的关切的这个过程，可以有效地降低公共领域中围绕着科学的争议。（National Research Council, 2012, p. 226）

为了最有效，需要尽早地在公共辩论中开展公众参与，并且在这个议题中有利害关系的那些人需要反复多轮地沟通。通常，对于科学家和感兴趣且受到影响的各方来说，第一步就是协同工作以找到共同关心的话题，并在一定程度上对通过研究可以澄清的这些关切进行评估。不同参与者在一段时间内的反复协商可以建立起信任——这是一种要比在一种冲突已经出现并愈演愈烈之后再邀请公众参与更为成功的方法。在这种情况下，参与过程能够重建信任，但是相较于早期就邀请公众参与而言，传播工作仍然比较困难。在公众参与这种方法中另外潜在的缺陷包括感知到这个过程中存在着政治操纵，对不同参与者以及只面向琐事或意外结果的利益相关者给予不公平的关注（National Research Council, 2008）。此外，仅仅因为有些主张的声音很大并且频繁地发表看法，所以它们会被视作主流观点（Binder et al., 2011）。研究表明，这种效果会影响决策（Binder et al., 2012），科学传播者可能需要采取措施对其进行澄清或者驳斥。参与者性别的混合也会影响协商，虽然对这个过程的认真设计会抵消这种效果（Karpowitz et al., 2012; Mendelberg et al., 2014）。一般而言，为了让公众参与发挥潜能，要谨慎地设计一种过程，以专注于眼前的议题的特点，以及把个人思维和群体互动的优势与劣势考虑进来。

对公众参与的研究的系统性考察主要着眼于环境评估和决策制定。需要进一步综合与研究，以找到在一系列社会议题，比如生物医学研究、公共卫生政策、基因编辑、教育政策，以及在各种争议的公共场合下有效地开展科学传播的结构与过程的要素。此外，鉴于公众参与的最佳实践表明这应该发生在早期阶段，因而还需要开展一些研究，以考察一旦某个议题变得具有争议，以及与这个议题相关的科学变得具有争议，那么，在正式的公众参与过程中要在多大程度上对科学进行传播，以及以何种方式对科学进行传播是有效的。

第三节　对不确定性的认知

如第一章指出的那样，有些与科学相关的争议出现的原因在于围绕着一个话题的科学是（或者被很多人认为是）不确定的或者不清楚的。这种不确定性或来源于科学本身的不确定性（在不存在科学共识时），或来源于人们对科学共同体内确定性程度的错误印象（见第二章对科学不确定性的来源的讨论）。当人们接触到模棱两可的陈述，并随后对这种模糊性进行解读以支持他们自己根深蒂固的想法时，动机性推理（第二章中也有讨论）通常就会发挥作用（Budescu et al., 2009, 2014; Dieckmann et al., 正在出版中）。

一、科学本身的不确定性

如前所述，有些争议可能至少在一定程度上反映出科学共同体对证据的重要性存在着分歧。这些争议包括对肥胖的起因和影响的争论，对应对气候变化的技术的相对优势的争论（比如碳捕集与封存，以及太阳辐射管理），对“蒸汽烟”的社会影响和公共卫生影响的争论，以及对把更多的类似于市场的政策引入教育中的学术后果的争议（比如教育补助金券和特许公立学校）。

涉及科学的不确定性的争议也取决于科学在决定因果关系或者预测未来的风险或收益方面是否充分。这种类型的争议的案例包括：饮食与慢性疾病之间关联的争议；来自于手机的辐射风险的辩论；核能在发电方面的益处是否超过其风险的分歧（Visschers and Siegrist, 2013）。很多这种分歧仍然存在于科学共同体之内，或者至多只是扩散到了相对宽泛但数量相对较小的感兴趣的群体、专家或者决策网络中那些关注的受众之中。然而，在其他情况下，特别是那些牵涉具有广泛社会影响的议题或者影响个人利益的议题（比如食品和营养），当参与公众辩论时，更多的公众开始遭遇并且关注以及调用这些相关的科学。这方面的案例包括涉及能源和环境政策的争议、干细胞疗法的争议，以及基因编辑技术的争议。在这种情况下，曾经局限于科学家和少数旁观者的辩论就会包括更多元的行动者和有影响力的人，比如公职人员、商业利益组织或机构、媒体、社会媒体评论员、名人和各种有组织的利益群体。这些参与者通常会对科学是否具有足够的能力来评估一个议题的风险和收益，以及预测这个议题的未来方面表达出强烈的意见。

当一个研究领域相对较新颖且尚有很多未知的东西时，科学的不确定性也会产生。新兴的证据可能在质量上存在差异，且新兴的证据会受限于证据采集的方法、样本或情境的限制，或者受到累积的或复制出来的证据的数量的限制。通常，在缺乏清晰共识的情况下，公众和科学家自己必须根据他们所理解的和阐释的证据的状态来决定该相信什么以及该做出什么选择。比如，对特殊物质引起癌症的可能性上存在的科学分歧，会在接触这些可能致癌物方面引发公众争议（Löfstedt, 2003）。

鉴于在根本上缺乏进行预测所需要的确定性，所以由不确定性所驱动的争议的另外一种形式源于在必须预测确定的后果时，对一项新兴技术的伦理、使用或预测的影响上存在着分歧。类似的是，当要求科学家把一个话题的基本知识翻译成提供给特定社区或者人群的建议时，不确定性也会随之产生。比如，当一定数量的有毒物质污染了特定社区的地下水，但在这方面以前不存在相关数据时，在该有毒物质的广为接受且丰富的知识库里从事研究的科学家可能缺乏这种物质带来的风险的证据（Rosa, 1998; Rosa et al., 2013）。在这种情况下，所需要的推论几乎不可避免地会增加不确定性并且需要认真地评估；它还意味着当地公众的成员可能拥有对把科学知识精确地用于当地情境来说非常必要的知识，虽然这种知识并不科学（Dietz, 2013b; Wynne, 1989）。有趣的是，在持久的争议的情况下，公众成员会在相关的科学中产生相当程度的专业知识（Brown, 1992; Epstein, 1995; Kaplan, 2000; Kinchy et al., 2014）。

那些会激发或夸大科学的不确定性的争议通常着眼于风险或者风险-收益评估。就其本身性质而言，风险决策聚焦于不确定性。一个事件发生的可能性有多大？所牵涉的收益超过其害处的可能性有多大？许多最具争议性的政策决定涉及对环境风险和人类健康风险的管理。

可以把风险看作是未来危害的可能性和严重性的产物（Brewer et al., 2007; Kaplan and Garrick, 1981）。不过，人们会利用理解风险的多种途径——有些很简单，有些很复杂，并且所有的途径都受到情感和复杂性的考量的影响，比如熟悉度、不确定性、恐惧、灾难的潜在性、可控性、公正性、对子孙后代的风险（Finucane et al., 2000; Keller et al., 2006; Slovic, 1987, 2000; Slovic et al., 2004）。虽然个体会对风险做出判断，但是存在着与科学和技术相关的更大的社会风险，这些风险源于并有益于更广泛的社会辩论（National Research Council, 1996）。性别和种族在人们如何认知风险方面（比如环境健康风险）也发挥了一定的作用，但其原因还尚未完全清晰（Flynn et al., 1994; Satterfield et al., 2004）。有关风险的争议通常会让在这个议题中有利害关系的每个群体都争着试图去说服公众共享他们对某个特定风险的认知。有些研究考察了在争议的情境下对风险进行传播的一些方法（Fischhoff, 1995）。实际上，在风险认知和风险传播这个领域的很多早期研究考察的都是争议性的环境风险，包括核电站和核废料设施的选址、化学危害以及其他技术风险（Slovic, 2016）。

研究人员所研究的很多策略着眼于在不确定性的情境下对风险进行的传播和管理（Fischhoff, 2012; Fischhoff and Davis, 2014; Renn, 2008; Rosa et al., 2013），部分原因在于不确定性是科学探索中所固有的，并且还因为在争议过程中这种不确定性通常会被加以利用。然而，如同科学传播的科学的其他方面一样，就不确定性情况下的风险传播或在危机或争议的情境下对风险进行传播而言，可资从业者利用的建议是以案例研究、个人经验以及缺乏严格的实证检验的表面上有效的原则为基础的。此外，可资利用的实证研究往往受限于它对具体的风险争议或危机的关注，而非对交叉的议题或可比较的议题的关注，并且通常位于特定地区或者时间段之内。而且，对呈现不确定性所开展的研究通常是以假设情境为基础的（LeClerc and Joslyn, 2012）。还需要开展更多的工作来巩固和验证在这个领域中我们知道些什么，同时也需要开展研究来决定呈现具有不同程度确定性的风险的最有效方式是什么。

二、对科学的不确定性的误解和曲解

在某些情况下，大多数科学共同体已经确立并且认同相关的科学，但是仍然存在某些不确定性。在这种情况下，科学一致性的水平会在公众话语中被误解或曲解。这方面的案例包括人类对气候变化的贡献、疫苗有益身体健康以及进化的有效性的科学的理解。有些误解可能源于传播欠佳或者源于第二章中所讨论的对理解科学信息的任何挑战。媒体描述证据的重要性的方式也会曲解在一个议题上所具有的科学共识的程度，正如无论一种观点的普遍程度如何或者这种观点在多大程度上有证据支持，媒体都会平等地呈现这种相反的意见（Bennett, 2016; Dixon and Clarke, 2013）。

对过去的以及持续的科学相关争议的分析表明，机构有时候会出于保护他们的经济利益或者意识形态偏好而对科学说了什么表示怀疑（Brownell and Warner, 2009; McCright, 2000; McCright and Dunlap, 2003, 2010; Michaels, 2006, 2008; Michaels and Monforton, 2005; Oreskes and Conway, 2011）。对研究的有效性的质疑以及科学家之间对分歧的程度的夸大都会产生不确定性，并因而阻碍了人们对科学共同体传播了什么的理解（Brownell and Warner, 2009; Freudenburg et al., 2008）。烟草产业利用了这个策略来向公众隐藏吸烟的有害影响，但是利益相关方利用类似的方法来夸大有关气候变化的假定不确定性以及夸大食品行业对肥胖的作用（Brownell and Warner, 2009; Dunlap and McCright, 2010）。对源于科学的发现散布怀疑来满足其利益的机构和个体可能会满足那些通常被其他信息所隔离的特定媒体以及决策者，因而产生了媒体“回音室”，在这里，只能听到他们对不确定性的不精确评估（Dunlap and McCright, 2010）。

三、在争议中传播不确定性和共识

修正对科学共识的错误认知可能是影响对诸如气候变化和疫苗接种这样议题的态度的第一步，并进而会影响决策。如前所述，很多人会对似乎威胁到他们信仰的信息予以抵制，虽然这是真的，但是对科学共识的精确感觉会影响人们的政策偏好，这也是事实。比如，当人们知道大多数科学家都认同气候变化时，他们更有可能会认为全球变暖是正在发生的，并且对旨在缓解气候变化的政策表示支持（Ding et al., 2011）。

在对不确定性的不精确主张予以抵抗的过程中，反复地传播对有关一个争议性议题的科学上存在着的专家共识程度可能是有用的。这种反复的传播发生于很多地方，涉及不同的人，并且会有多种形式——对话、利用社交媒体、展示、广告、传播运动以及媒体采访（van der Linden et al., 2015）。然而，如前讨论的那样，传播科学共识还会深化对科学的看法的分歧，比如当这种传播涉及对价值观产生了冲击或者涉及持有这种价值观的群体时（Kahan, 2015）。我们还需要开展更多的研究，以确定对那些有助于达到理解的目标的专家共识进行传播的方式。

其他研究表明，明确科学理解中涉及的不确定性，对科学结论是如何达成的，以及不确定性是如何随着时间的推移而降低的保持完全透明是会带来益处的（Druckman, 2015; Jamieson and Hardy, 2014）。解释结论是如何达成的可能会树立可信性，以及让公众对一个展开的故事或者有关科学调查和科学发现的奥秘产生更大的兴趣（Druckman, 2015）。在共识性信息的效能、讨论不确定性的方式以及在什么情况下这些传播可能有效方面还需要开展更多的研究。

在某些领域，包括性传染病（Downs et al., 2004）、疫苗接种（Downs et al., 2008）、气候变化（McCuin et al., 2014）、环境危害（Lazrus et al., 2016; Morss et al., 2015），可以通过对目标受众进行研究来开展有效的传播，而这些传播的目标是为了理解如何解决目标受众的关切和误解。虽然人们对世界如何运转往往会保留他们常识性的思维捷径（Niebert and Gropengießer, 2014; Vosniadou and Brewer, 1992），但是对照实验表明，人们会修正他们的思维以回应那些解释潜在因果过程的信息（Ranney et al., 2012）。对人们在各种争议性科学议题上如何思考和做决策方面，我们可以用这种方法来改善对这些问题的理解。

第四节　组织利益及有影响力的个体的声音被放大了

科学传播可能会考虑形形色色的受众的信仰和价值观，并且会很好地传播在争议的讨论中仍然被置若罔闻的证据的重要性。高风险、相冲突的利益、不确定性及对风险和后果的关切，都会扩大试图对科学进行传播的人的数量和多元性以及运用科学的当事方的数量。公职人员可能会呼吁科学专家帮助他们找到解决受众关切的政策议题的方案，律师和法院可能会寻求获得媒体关注的重要司法案件相关的证据。为了精心制作满足他们受众的需求或利益的报道，媒体成员可能会从科学中寻找引人注目的结果。那些处于辩论任何一方的、在辩论结果中有利害关系的人（党派性的政客、企业、其他动员倡导群体或利益群体）可能会利用支持他们的主张的科学。

因为与科学相关的争议通常会涉及或者引发政策反应，所以关键行动者受制于各种压力、激励措施和制度约束的组织利益（比如，企业、党派、有组织的宗教机构或群体、倡导群体、政府机构、大学）的可能性会增加。对受众来说，这些因素和对相关科学的精确理解同样重要或者更甚，这些因素要比对相关科学的精确理解更重要。在争议性的情境下，人们可能会把科学家和科学事业视为有他们自己的动机的利益方或者有利益攸关的组织利益的利益方。

科学家并非不受个人压力、学术压力和社会压力的制约。虽然科学事业进行自我修正存在着困难，但是作为一种制度，科学拥有自己的规范和惯例，以约束科学家并且提供对那些违反科学标准的科学家进行监管和制裁的措施。相反，如前所述，那些不受科学规范约束的人有时会故意地误解科学信息，以服务他们的经济利益或政治利益（Dunlap and Jacques, 2013; Farrell, 2016; McCright, 2000; McCright and Dunlap, 2003, 2010; Michaels, 2006, 2008; Michaels and Monforton, 2005; Oreskes and Conway, 2011）。

一、对涉及科学的议题设置框架

在一个争议中，几乎所有的参与者都试图为自己的利益而对他们的议题设置框架。这种框架会影响一个议题获得的关注总量的程度，在这些框架中，论点或理由会被认为是合法的，并且个体和群体在表达他们的观点或者参与决策时具有自己的立场（Nisbet and Huge, 2006）。随着对一个议题的关注不断上升以及冲突不断增加，新的参与者可能尝试着带来不同的框架，以试图用满足他们目标的方式来重塑冲突。比如，食品行业人员和环保人士推广了“转基因食品”这个术语，以表明与食品生物技术相关的非自然危险，因而把这个议题放到未知风险和非预期后果的框架中，而不是将其置于行业推动的着眼于降低世界性饥饿的框架中。同样的，气候变化活动人士采用了“石油巨头”这个术语，这是一个会引发与企业责任和不法行为相关的标题友好型的短语。“烟草巨头”这个短语的反响也把气候变化的议题同在上一代人身上发现的吸烟的危害关联起来。一旦某个框架影响了人们的观点，这些观点就难以改变。比如，一项研究发现，那些从未听说过碳捕集与封存的人可能会受到那些或支持或反对该项技术的模糊的论点的影响，并且还发现即使在这些人仔细地阅读旨在教育他们的均衡性传播内容之后，那些被操纵的感情仍然会持续存在（Bruine de Bruin and Wong-Parodi, 2014）。我们还需要更多地了解受众如何理解他们从多元渠道接触到的竞争性框架。

二、揭穿误导信息的真相

很多科学传播者，特别是那些本身就是科学家的人，通常感到迫切需要对那些与科学证据的重要性不一致的信息进行修正。然而，实际上在大多数情况下这样做是很困难的（Cook and Lewandowsky, 2011; Lewandowsky et al., 2012）。此外，对于强化错误的信念而言，对错误信息予以揭穿的善意的、直观的努力会产生意料之外的影响，特别是在那些受教育程度较高的人当中（Cook and Lewandowsky, 2011; Nyhan et al., 2013, 2014; Skurnik et al., 2005）。当错误信息与人们如何看待这个信息或者议题已然相一致时，对错误的信念进行修正就变得更加困难。实际上，当人们的信念遭到挑战时，他们做出的反应可能是置之不理那些提供了修正信息的人的可靠性（Lewandowsky et al., 2012）。

此外，对错误信息的重复，会强化对这种信息的信任，即使紧随其后的是对信息的修正。通过提供过多的或过于复杂的信息的方式来修正一个措辞简单的神话很有可能是无效的。很有可能的是，对那些坚定地持有根深蒂固观念的少数人而言，揭穿误导信息真相的努力在摇摆不定的大多数人身上会更有效。还需要开展更多的研究，以确定对谁而言，以及在什么情况下揭穿误导信息真相的当前认识是有效的。

对揭穿误导信息真相的风险加以防范的一种方法就是着眼于信息发送

者而非他们的信息。在某些情况下，引发对一种传播的怀疑或不信任有助于抵御错误信息的影响（Bolsen and Druckman, 2015）。这样的一种策略涉及让受众“提前脱离”（prebunking）或“预防”个体或机构误导公众的有意行为（efforts）。实现这种策略的方法是，提醒人们，他们可能会接触到错误信息，并向他们解释为什么误导性的信息会得到推广（Bolsen and Druckman, 2015; Cook, 2016; Lewandowsky et al., 2012），但是，对于这种策略何时有效以及对谁有效还需要了解更多。

当错误信息的来源位于科学共同体本身之内时，即使是广为宣传的撤回和修正也会收效甚微（Mnookin, 2012）。一项研究提出了提升撤回的有效性的三个因素：在初步接触错误信息时就给予警告；对撤回进行重复；用一致且合理的替代故事来修正，解释错误信息的来源及其背后的动机（Lewandowsky et al., 2012）。

如第二章中所描述的那样，大型公共卫生运动的成功与失败提供了一系列借鉴。它们表明，获得充分的曝光度，让受众尽早参与，然后在一段时间内采用各种公众传播方法，有助于确保受众在那些可能是科学相关争议的特征被放大了的众多声音中听到科学的观点。

三、与意见领袖合作来告知和说服

与政客、商业领袖、社区名流、记者、名人和确有才华的人这些意见领袖合作来影响人们的观点，是把精确的科学信息带给公众的另外一种方式。数十年来，营销人员、广告人员和竞选策划人士把意见领袖作为立场、候选人或产品的有效推广者。然而，直到最近，意见领袖才在科学传播的研究人员和从业者中获得了一些关注。不过，在以意见领袖为研究目标的这些领域提出了一些可以用来争取这些意见领袖以促进有效的科学传播的有效方法（Nisbet and Kotcher, 2009）。同时，意见领袖的参与可能会带来一些风险。一般来说，相对于科学家而言，来自于政治领域、媒体领域和名流领域的这些意见领袖都不太具有公信力。同产业和政客相关联的实践是否会损害科学家的公信力还不得而知（Lang and Hallman, 2005; Pew Research Center, 2015a）。

可以通过观察或者调查的方式非正式地找到那些不是重要人物但在他们自己的社交圈中仍然有重要影响的意见领袖（Frank et al., 2012; Nisbet and Kotcher, 2009; Roser-Renouf et al., 2014）。研究表明，这是一种有助于实现科学传播目标的有前景的方式。比如，人们报告说他们对减少气候变化而采取行动的意愿最有可能受到与他们关系亲密的人（比如伴侣或亲密的朋友）的影响（Leiserowitz et al., 2013）。类似的是，如果被他们自己所“喜欢并尊重”的人问到的话，至少有 1/3 的美国人会同意在请愿书上签字、参加会议，或者支持一个在气候变化方面同他们持有共同观点的候选人（Leiserowitz et al., 2014）。科学传播之外的案例也表明，社区成员在充当意见领袖方面发挥着重要作用（Dalrymple et al., 2013; Howell et al., 2014）。

当然，科学家自己也可以充当受信任的意见领袖，从而让合作者、朋友、邻居、熟人在他们的日常互动中，以及在社交媒体上鼓励对话和信息共享。一项研究发现，除对话的社会影响之外，同受信任的熟人讨论科学会让对话者对气候变化产生更丰富的理解，以及在做决策或者提供意见时更好地利用这种知识（Eveland and Cooper, 2013）。同样地，一项对美国人的讨论模式进行的为期两年的追踪调查发现，人们对科学相关新闻报道的关注同就科学开展更频繁的对话有关，这反过来又与对气候变化总体关注的增加有关。这种被增加的关注同对科学新闻报道关注的随后增加相关，以及同更频繁的科学相关对话，甚至是与气候变化长期以来更高层次的关注相关（Binder, 2010）。

还需要开展深入的研究，以理解不同类型的意见领袖如何影响人们对科学信息的理解，以及如何影响人们在其决策中利用科学信息的趋势。

第四章

在复杂、充满竞争的传播环境中传播科学

近年来，人们获取或遇见他们关注的科学及议题的相关信息的方式发生了广泛且巨大的变化。无论公共争议中是否牵涉科学，这些变化都为科学的传播者带来了额外的挑战。公众从相对较少的广播和电视网、杂志和报纸上获取大多数信息的时代一去不复返了。如今，人们可能会在各种各样的媒体机构，以及博客、社交媒体新闻推送、播客和许多 20 年前并不存在的其他渠道上与科学信息相遇。同时，公众过去获取有关科学和社会议题的高质量信息的方式正在逐渐消失。比如，传统的新闻渠道面临着严重的经济挑战。报纸发行量在逐年持续下降（Pew Research Center, 2016a），因而降低了撰写新闻的职业记者的数量。2014 年，美国报纸大约有 3.3 万名全职编辑部员工——这比 1994 年少了 2 万名（Pew Research Center, 2016a）。本章依次考察科学新闻传播的趋势，新闻工作者的决策如何影响科学报道和受众，以及把互联网作为科学新闻来源的新兴研究。

第一节　科学新闻传播的趋势

虽然上面总结的正在发生的变化更广泛地影响了媒体系统，但它们对科学是如何在媒体中传播的有着特别强烈的影响。有三种趋势特别值得关注（Scheufele, 2013）。

如上所述，人们从传统媒体（特别是报纸和电视）转向了从网络补充式的新闻或只出现在网络上的新闻来获取科学信息，这种趋势在年轻人和具有科学素养的受众中尤为突出（Su et al., 2015）。2014 年，47% 的美国人称互联网是他们获取科学和技术新闻与信息的首要渠道，这一比例在 2001 年只有 9%。相比之下，28% 的美国人说电视是他们获取这种信息的首要渠道，这个比例比 2012 年的 32% 有所下降。在其他渠道方面，7% 的人把纸质杂志作为首选，6% 的人选择纸质报纸，还有 3% 的人选择广播（National Science Board, 2016a）。年轻、高收入且教育程度较高的美国人更有可能认为他们会借助互联网、在线报纸、在线杂志或类似的渠道来获取他们大多数的科学和技术信息，年长且教育程度较低的美国人更有可能继续依赖电视新闻和纸质媒体（National Science Board, 2016a）。

大约有一半的美国人认为他们主要依靠互联网获取有关科学和技术信息，在这些人中，1/3 以上的人认为他们会使用搜索引擎，比如谷歌；45% 的人说他们主要使用在线报纸（23%）、在线杂志（15%）或其他在线新闻网站（7%）。只有 8% 的互联网信息获取者——或者说 3% 的美国人——认为他们把着眼于科学的网站作为获取科学和技术相关信息的主要来源（National Science Board, 2016a）。同样的，美国联合通讯社（Associated Press）和其他机构于 2015 年开展了一项民意调查，请受访者给出他们获取科学和技术相关信息的前三个渠道，超过 59% 的美国成年人提到了搜索引擎，40% 多一点的人会提到脸书（Facebook），30% 多的人提到了与朋友和家庭成员的交流（Brossard, 2016）。几种通过谷歌可用的工具使得关键词搜索和查询成为可能，这可以为公众对一般意义上的科学及特定主题的兴趣提供顺时的可能有用的数据来源，包括如何把公众兴趣与新闻报道进行比较。然而，这种工具在各国难以适用，并且也不能对那些无法使用互联网的人的兴趣进行解释（Baram-Tsabari and Segev, 2009; Segev and Baram-Tsabari, 2010）。

在线的信息环境——特别是自智能手机和其他移动设备出现以来——有可能比以往任何时候都更迅速地传播更多的科学信息，并且让他们的用户在更大程度上独立于物理储存库，比如图书馆（Scheufele and Nisbet, 2012）。同时，网络 2.0 环境（鼓励并依靠用户产生内容的网站）让用户彼此之间进行辩论，以及（在一定程度上）对独立于商业媒体机构的信息进行评论、共享和重复利用变得可能。

第二个值得注意的趋势是"新闻洞"——纸媒上为新闻投入的版面数量或者电视上新闻可用的时间——一直在下降。对于科学报道而言，这个趋势尤为突出。1989年，95%的美国报纸每周都有科学板块；到2012年，只剩下19家报纸有科学板块了（Morrison, 2013）。

正如所料，报纸数量的下降是第三个关键趋势——新闻机构中雇佣的全职科学记者数量的缩减的一个重要驱动。对他们所报道的科学具有一定知识的职业记者通常在人们对科学的理解上发挥着不同但非常重要的作用①，但是这只代表了媒体消费者可用的科学信息的一小部分，即使科学信息的范围和规模已经有所增加（Scheufele, 2013）。

虽然科学新闻的传统基础设施正在萎缩，但是传播者有新的方式参与到科学的公共辩论中，并且越来越多的科学家都更直接地通过博客、播客等来与公众进行对话。在科学信息方面，这个正在拓宽的渠道让更多的科学传播者努力去影响公众。但是，这也意味着在媒体行业中有更多的参与者可能有意或无意地提供着不精确的科学信息。所以，虽然今天的科学媒体情况可能大于过去不断衰落的大众媒体 / 报纸投递系统，但是那个正在扩大的情况并没有为过滤错误的、煽情的或误导的信息提供清晰的机制。公众比以往任何时候都更加按照自身的规律行事，因为他们难以决定该信任谁，以及对科学相关的争议应该相信什么。

科学传播者必须应对这个新的、并未完全被理解的媒体新环境。

---

① 对新闻的目标和规范同科学的目标和规范的对比的深入讨论，见 Nelkin（1996）和 Dunwoody（2014）。

第二节　新闻工作者的决策如何影响科学报道和受众

尽管新媒体的影响在日益增加，但美国人通过媒体接收到的很多科学信息仍然来源于传统新闻，包括通过社交媒体上的链接传播的信息。因而，科学传播者需要理解记者用来塑造科学信息的工具，特别是与争议性社会议题相关的信息。

一、主流媒体是如何报道科学的

与框架紧密相关的一系列因素影响了记者们确定对争议性议题和相关的科学给予多少关注（议程建构），以及如何界定或描述这些议题和科学。在这些因素中，最重要的是记者可以用来呈现新信息的策略。对复杂的政策辩论进行报道的记者倾向于依靠一些标准化的故事情节和新闻形式（Bennett, 2016）。当一个新的议题触及来自于以前政治辩论的类似主题或者唤起来自于大众文化和历史所熟悉的故事线时，比如食品生物技术或干细胞研究，记者们便会把新议题的参与者和事件进行转换，以符合这些故事线。

例如，当与科学相关的政策辩论涉及与某一项决议的承诺产生明显冲突时就会变得最具新闻价值了，比如立法的通过、法案的否决或者一次国际性的气候变化峰会——库克（Cook，1996）把这种场景描述为“行进中的冲突”（conflict with movement）。当政策决定似乎陷入左右为难的境地、在立法上不采取行动或没有即将出现的政治决策时，那么对一个复杂的科学相关议题进行的新闻报道就无法为一项决议建立期待。因此，在赢得关注方面，对这种议题的新闻报道不会太频繁也不会太成功（Nisbet and Huge, 2006, 2007）。

类似的是，一旦某项争议似乎得到了解决，即使是部分地解决或暂时地解决，那么对很多记者来说，这个议题与生俱来的戏剧性就丧失了。在一项新的科学发现或者对即将到来的政治决策的需求缺失的情况下，记者就需要一种他们关注的戏剧性（McComas and Shanahan, 1999）。这种对有效叙述的需求解释了为何与科学相关议题所感知到的政治相关性对新闻报道受到多少关注来说是至关重要的。在大多数与科学相关的议题上，因为记者们跟踪着一个议题每个研究阶段所发布的成果，所以他们提供了数量相对稳定的报道。但是当某个议题（如生物技术或者气候变化）因为一场国会辩论或白宫声明而获得了关注时，这个议题就和政治冲突更加相关，这个议题也就获得了政治记者、一般记者和不经常对科学进行传播的舆论作家的关注。这些记者的数量超过科学作家的数量，并且政治争议获得了比科学信息更多的报道。因而，当一个议题被认为同政治相关时，它获得大量报道的可能性也会增加（Kepplinger, 1992, 1995; Nisbet and Huge, 2006, 2007）。

当然，经验丰富的新闻渠道会规划他们的信息策略以强调熟悉的主题（Nisbet and Huge, 2006, 2007; Nisbet et al., 2003），因而，为满足戏剧性结构的需要，记者们通常会激起人们对伦理困惑的遐想，或者对风险或收益的极端想象。同时，政治记者，倾向于把公众生活的各个方面都放到似乎它们只是一个政治竞争问题的框架中（Cappella and Jamieson, 1997; Patterson, 1994），他们会把自己的解读强加到科学报道中。他们为一个议题设置的框架强调了谁在前或谁在后，以及战略行动者为获得优势而采用的插曲式的日常战术。这些框架首先通过着眼于冲突而在赢家和输家的期望上产生戏剧性，然后通过把焦点放在具体行动者间的个人斗争上而让新闻个性化。这个框架促使政治记者将对立的主张当成如同是势均力敌的，比如会让公众觉得气候变化科学辩论的双方都有同等数量的拥护者，这种现象被称为“虚假的平衡”（Bennett, 2016; Nisbet et al., 2003）。

重要的是，要理解并追踪随着时间的推移媒体是如何报道科学的，因为下文将讨论到媒体报道会影响受众对一个他们个人应该关心且在公共政策议程中获得优先性的议题的认知。此外，可以预料到媒体报道会影响如何对其他来源的科学传播进行阐释，这是一种需要在有关科学传播的研究中加以考虑的情景化因素。

二、科学的报道如何影响公众认知

通过给予某些议题多于其他议题的关注，媒体的影响可以让公众把他们接收到的视为最紧迫且最重要的（Iyengar and Kinder, 1987; McCombs, 2004）。与这个假设相一致的是，对新闻关注和公众认知进行追踪的研究通常发现，对一个议题的总体新闻关注的上升要优先于公众关注的上升（McCombs, 2004; Rogers et al., 1991）。此外，在实验室开展的实验表明，当受试者在一周的时间里反复地收看新闻广播时，这些新闻广播中的首要议题在受试者中成为首要的国家关注。当要求个体描述那些他们最关切的议题或者这个国家面临的最重要的议题时，或者要求他们思考自己有多么担心某种风险时，他们最有可能的反应是思考这些议题的媒体曝光度，以及这个议题是否会直接地影响到他们（Kim et al., 2002; Scheufele, 2000）。近期在埃博拉病毒和甲型 H1N1 流感病毒方面的经历就反映了这些影响（Pew Research Center, 2009b, 2014）。影响媒体中的科学报道的叙述对科学传播至关重要的原因也在于此。因媒体的煽动而对埃博拉病毒和甲型 H1N1 流感病毒产生的不恰当担心，表明媒体叙述框架要把精确的科学放到公众议程之中有多么困难。

议题或事件在新闻中得到的报道总量通常会充当起公众评估一个政治领袖、政府机构、科学机构或企业绩效以及可信性的标准（Iyengar and

Kinder, 1987; Nisbet and Feldman, 2011）。政治领袖和机构认识到并且预见到了这些影响。结果，当一个议题或事件在总体新闻议程中增强并因而成为公众关切的一个对象时，政治行动者有可能会采取某种形式的行动将其加以解决，即使只是象征性的。因此，对社会中争议性议题的行动通常受到价值观、信仰和其他考虑的驱动，所以在这个话题的行动上很少甚至不会采纳专家建议。

可以看出，对媒体议程设置效果的研究反复提供的证据是，媒体中描述的议题影响着公众的议题优先性。这种议程设置的效果可以是积极的，也可以是消极的。以埃博拉病毒为例，把这个议题推到公众议程顶端的媒体报道，使得政策制定者呼吁限制来自非洲的航空旅客，并且对从该地区返回的医疗人员进行隔离，这都与美国疾病控制与预防中心的建议背道而驰。同时，对疫情不断增加的报道，使得政策制定者在控制疫情方面投入巨大。然而，同媒体报道对公众优先性的影响相比，它对一般意义上的决策制定机构的优先性的效果还不太被人们所了解。这个领域的研究产生了褒贬不一的结果（Kingdon，1995），并且媒体是驱动了政策还是产生了相反的效果还不清楚（Wolfe et al.,2013）。

同新媒体相比，我们对传统新闻机构中新闻工作者的决策和他们对受众的影响有更多的了解。在研究中存在的一个重要问题是，在迅速变迁的网络环境中，这些过程如何操作且影响科学信息的受众。随着传统媒体的受众在缩减，并且转而把网络媒体作为获取科学信息的主要来源，传统媒体致力于科学的空间和时间就更少了（National Science Board, 2016a; Su et al., 2015）。截至目前，在网络环境中如何维持传统新闻机构（以及它们的实践）还没有清晰可行的商业模式。

一方面，网络渠道让信息更容易获取且更加普及；另一方面，人们用来阻止他们不认同的信息的新信息过滤工具使得他们比以往任何时候都更容易只听到和看到那些与自己的信仰相一致的新闻（Scheufele and Nisbet, 2012）。因而，网络信息环境被称为“回音室”（Sunstein, 2009）或“过滤器泡泡”（Pariser, 2012）。所有人都通过既有的信仰来过滤信息。在网络2.0来临之际，有些人乐观地认为，一个充满用户控制的网络体验式的和用户生产内容的互联网，将成为就科学开展见识广博且颇有助益的对话的平台。“过滤器泡泡”的出现、对科学新闻报道大量的不文明评论及对这些新闻报道进行阐释的那些评论所产生的不利影响都让上述观点有所减弱（Anderson et al., 2014; Brossard and Scheufele, 2013）。在这个嘈杂的信息图景中，科学家难以找到负责任的方式来确保公众能够获取清晰且可靠的证据。

三、对科学进行传播的机遇：社交媒体、社交网络和博客

（一）社交媒体

社交媒体为科学传播和观点的交流提供了日益增加的机会，但是在一些重要方面，它们不同于传统媒体，甚至不同于传统媒体机构的网络版本。社交媒体为用户生产内容和互动提供了平台，它们的信息是“量身定做的”，并且以具体的个人用户为目标（Cacciatore et al., 2016）。这些平台在让人们拥有社会存在感的程度上存在着差异，并且在让人们透露多少个信息方面也存在着差异（Brossard, 2012）。然而，一般而言，志同道合的个体会通过社交媒体找到彼此并进行互动，他们会以很快的速度形成分享和传播信息的社交网络和共同体，而当信息通过社交网络中一个极具影响的个体进行传播时，这种效果就会得到增强（Brossard, 2012）。

一个特定平台或站点的普及程度以及其用户的人员特征通常会迅速地发生变化（Kümpel et al., 2015）。比如，2016年，年轻人越来越多地使用色拉布[①]（Snapchat）和照片墙[②]（Instagram），而他们对脸书的使用一直在下降（Brossard, 2016）。我们难以把一个特定平台的效果与可能解释某个个体的态度、偏好或行为的其他影响因素区分开，造成这一结果的部分原

① 由斯坦福大学两位学生开发的一款“阅后即焚”照片分享应用。

② 一款运行在iOS平台上的移动应用，以一种快速、美妙和有趣的方式将随时抓拍下的图片分享。

因是这个高度动态性的环境。这些事实为试图理解社交媒体对科学传播的影响的研究人员提出了挑战。对2004～2014年社交媒体上新闻分享的研究进行的综述（Kümpel et al., 2015）为研究人员找到了一些重要的任务，包括需要与媒体图景的变迁保持同步，需要为新闻和社交媒体制作更全面的模型，以及需要获得有关新闻共享网络的更多信息。

1. 科学家对社交媒体的使用

一个新兴的研究考察了科学家自己对社交媒体的使用。有些研究人员发现，科学家对推特（Twitter）的使用可以增强他们的科学影响力，其他学者会更频繁地引用他们在推文中提到的成果而非他们其他的成果（Eysenbach, and Köhler, 2002; Liang et al., 2014）。然而，来自于生物医学和公共卫生领域的其他研究与这些发现相左，推特和其他社交媒体上分享的文章并没有比未被分享的文章获得其他研究人员更多的引用或下载（Haustein et al., 2014; Tonia et al., 2016）。同时还发现，随着与推特上提到的记者的互动的增加，以及与推特上提到的公众成员的互动的增加，科学家的影响评分会相应增加（Liang et al., 2014）。然而，其他研究发现，科学共同体出于一系列原因而在改变其传播的方式上进展缓慢，即使科学家看到了对他们所从事的工作进行传播的价值（Peters, 2012b, 2013）。

2. 有组织地利用社交媒体

根据对聚焦于在线的气候变化传播以及通过社交媒体进行的气候变化传播的研究所开展的一项综述（Shafer, 2012），社交媒体对于一系列利益相关者的战略性传播来说是重要的，虽然这个领域里的研究还存在着巨大的缺口。然而，在所综述的研究中，气候科学家和科研机构在网络辩论中发挥了最小的作用，并且他们的活动主要局限于撰写博客。非政府组织是更为重要的网络传播者，但是人们对其他企业和政府利益相关者的气候传播还知之甚少。相关的研究还开始考察政府在网络上开展科学传播的影响，特别是对危机的回应，比如，埃博拉病毒及密歇根州弗林特市的铅污染。

个体和机构可以利用社交媒体来促进未经证实的谣言和流言的扩散（Del Vicario et al., 2016）。此外，那些利用这些渠道对科学相关的争议进行传播的人与持有同科学共识相反观点的人并不成比例（McKeever et al., 2016）。其他研究发现，在社交媒体上进行的传播也易于受到“沉默的螺旋”的影响，这是一种如果个体感到大多数其他人不同意自己的看法时便不愿畅所欲言的现象（Hampton et al., 2014）。

（二）社交网络

社交网络的出现远早于基于网络的平台，比如脸书和推特。一般来说，社交网络是人与人之间的关联和关系网络——这种关联在强度上存在着差异（Kümpel et al., 2015），并且为社会影响力提供了一种途径（Contractor and DeChurch, 2014）。社交网络在政策体系中的重要性已在第三章中讨论过了。但是，鉴于所有人都通过这种关联来交流信息，所以社交网络可以为科学传播者提供一种途径，以接触那些不持续关注新闻媒体或者不利用基于网络的平台的受众。通过敏锐地使用社交网络，可以为获取服务不足的受众（一般来说受教育水平较低且不太富足）提供服务，以便传递精确且有用的科学信息以及抵制谎言和曲解。

在肥胖、酒精消费和吸烟这些领域，以及政治动员与合作中观察到了利用社交网络对信仰、态度和行为进行的扩散（Christakis and Fowler, 2013）。研究人员利用社交网络分析来确定这些网络在统计学上如何对个人行为施加影响。这种工作仍然是辩论的主题。有些研究表明，因为社交网络的影响，上述效果可能有其他原因，比如“物以类聚，人以群分”，或者拥有共同兴趣、特点和特征的人有做出类似决策的趋势（Aral et al., 2009; Noel and Nyhan, 2011; Shalizi and Thomas, 2011）。

意见领袖在社交网络中的影响力是这些网络影响个体的另外一种途径，并且这种途径被努力地挖掘以传播来自于科学的信息，从而改善公众健康（Contractor and DeChurch, 2014）。有望利用这种方法来对科学的信息进行有效的传播，以改善科学对公众福祉的影响。比如，一项研究发现，当它激发起情感，或者当外行受众发现它有用或对其感兴趣时，非科学家更有可能与他们社交网络中的其他人分享科学信息（Milkman and Berger, 2014）。

通常，全球每七个人中就有一个人会利用数字传播平台（如脸书），因而对科学相关内容如何在社交网络上传播及在社交网络之间传播获取经验性的认识是至关重要的。对于触及那些不太可能从大众媒体或其他传统渠道中获取科学相关内容的受众来说，这种认识是特别有用的，因而，在线社交媒体为未来的研究提供了一系列机会。对于人们如何通过社交媒体及他们的社交网络来理解和认知科学还需要开展更为系统的分析。可以用像社交网络分析这样的工具（Watts and Dodds, 2007）来记录社交网络中科学相关信息和情绪的流动（Runge et al., 2013; Su et al., 2016）以及评估其效果。

（三）博客

科学相关的博客是积极性较高的部分公众学习、跟踪和讨论科学的一种方式。这些博客将网络报纸的文本同电视的图形和视频技术混合起来，它们让读者同博客作者实现实时的互动。博文的写作会非常迅速，从而可以对新的事件、议题或者辩论做出反应，并且无须去说服记者撰写或者编辑发表有关这个话题的评论。

然而，有关广大公众消费科学相关博客的数据还非常有限，并且那些确实存在的研究表明，阅读博客的人是一小部分独特的公众，这些人并不必然地被吸引到科学博客上来讨论科学。很多搜索科学博客的人也许在寻找对某些话题的政治的讨论，比如进化、无神论及气候变化，而非希望更广泛地了解更一般意义上的科学（Su et al., 2014）。

再次，科学博客更有可能会触及科学家、资助者、决策者和记者而非一般公众。皮尤研究中心就科学的现状及其对社会的影响于 2009 年针对美国科学促进会的成员开展的一项调查显示，虽然只有 9% 的受访者撰写科学博客，但是 42% 的受访者经常或偶尔阅读这类博客（Pew Research Center, 2009a）。其他研究表明，记者通常会把科学博客作为新闻素材的来源，或者用科学博客来对研究的专门领域进行追踪（Fahy and Nisbet, 2011）。其他的研究在新闻报道、社交媒体上被提及的次数及科学家的总体影响指标之间发现了正相关关系（Liang et al., 2014）。

第三节　把互联网作为科学新闻来源的新兴研究

对正在变迁的网络新闻环境如何影响科学信息传播的方式所开展的研究仍然处于起步阶段。初步研究表明，更容易获取科学信息的希望并不必然转化为更有效的科学传播（Brossard and Scheufele, 2013）。可以将把互联网作为科学新闻来源的新兴研究分为至少三个广泛的领域：基于偏好的媒体效果、情景化新闻、不断扩大的知识差距。

一、基于偏好的媒体效果

基于偏好的媒体效果模型着眼于利用有关人们（通过媒体机构或者受众本身所显示的）行为的数据来量身定做信息，以满足不同受众的偏好（Cacciatore et al., 2016）。在网络传播环境中，信息越来越以数据的位置、既有研究历史、点击率、购物行为及一系列其他个人信息为基础来为具体受众进行量身定做（Lazer, 2015; Pariser, 2012）。虽然很多注意力着眼于对影响社交媒体新闻的算法的关注，甚至传统新闻机构也依靠算法来对新闻的选择和新闻的版面位置进行决策，这种现象被称为“作为编辑的算法”（Peters, 2010）。与传统广播模式中的信息相比，量身定做的或者小范围传播的网络信息更有可能到达受众，因为相较于传统媒体而言，网络环境使得受众更容易选择与他们的信仰和偏好相一致的新闻源（Yeo et al., 2015）。结果，人们更有可能关注那些他们曾经接触过的信息（Cacciatore et al., 2016; 有关动机性推理的讨论见第三章）。比如，把来自于尼尔森市场研究公司（Nielsen NetRatings）的检索历史、谷歌推荐和谷歌搜索结果同网络内容的分析结合起来的一些实证研究表明，像谷歌这样大众化的搜索引擎呈现搜索结果的方式会对人们可能遇到的科学信息产生影响（Brossard and Scheufele, 2013）。除了担心算法可能只提供那些消费者认同的信息之外，算法还会为人们提供那些流行的而非最精确且最有用的信息（Downs et al., 2008; Ladwig et al., 2010）。这些反馈回路限制了人们在搜索信息时遇到的信息的多元性和质量，鉴于把上述的搜索引擎作为有关科学信息来源的普遍程度，这种现象尤其令人担忧（Brossard and Scheufele, 2013）。

除了为特定受众量身定做新闻之外，网络渠道——比如新闻聚合器和社交媒体——为受众提供了比像电视和报纸这样的传统媒体更有效的工具，以让他们预先选择自己希望接触到的内容类型（Scheufele and Nisbet, 2002）。比如，近期一项就公众对银纳米颗粒的反应进行考察的研究，让受访者在回答更多的问题之前有机会从与这个话题相关的一系列给定文章中进行选择。每篇文章被随机地分配一个有关其来源的（保守的、自由的或中立的）思想线索，这类似于新闻聚合器会提供的内容，比如资讯阅读器（Feedly）、随身社交杂志（Flipboard）或谷歌新闻。与基于偏好的媒体选择的概念相一致的是，在一项研究中，无论其内容如何，保守的受访者更有可能会选择福克斯新闻（Fox News）作为他们首要的信息来源，而自由的受访者更有可能选择微软全国广播公司（MSNBC）（Yeo et al., 2015）。换句话说，新的信息环境让人们不成比例地关注来自同意识形态相一致的渠道的新闻内容这一趋势进一步成为可能，这种环境会让人们以有限的努力来选择这种新闻内容，甚至这会发生在看到他们自己可能不赞同的任何内容之前。

二、情景化新闻

相关研究考察了社交反馈对如何使用科学新闻所产生的影响。科学传播学、社会心理学和相关领域所开展的研究表明，人们对社会规范（比如，他们对恰当的或预期的行为和态度的感觉）的认知会塑造他们自己的行为和态度（Noelle-Neumann, 1993; Schultz et al., 2007; Sherif, 1967）。网络新闻环境使得可以通过脸书的“赞”、读者评论、红迪网（Reddit）的“顶”和推特的“转发”进行极为迅捷的社交反馈。一项新的研究表明，这种社交情境下的新闻对受众如何查看和处理科学新闻具有重要影响。比如，对所谓的令人恶心的效果（nasty effect）的研究表明，把有关某个话题的客观科学报道的评论提供给不文明的读者，会增加这些读者对故事本身的认知偏差，甚至会让他们在与该报道的话题相关风险的认知上出现极化（Anderson et al., 2014; Brossard, 2013; Brossard and Scheufele, 2013）。

对一个话题相关的可接受的社会规范释放出信号的线索要比明显的不文明评论微妙得多。网站视频访问量的简单数据就是这种线索的一个案例。比如，近期一项研究把某网站上有关气候的视频下列出的访问量同“他者”如何认知气候这个议题关联起来，阅读量提供的线索不仅影响了其他美国人把气候变化的重要性视为一个议题的认知。在这些通常对社交线索给予更多回应的受访者中，这种线索还增加了他们对这个议题的重要性的判断（Spartz et al., 2015b）。

三、不断扩大的知识差距

有证据表明，在新媒体方面，处境艰难的人和那些具有较高社会经济地位及受过较好教育的人之间存在着一贯的知识差距（Cacciatore et al., 2014; Eveland and Scheufele, 2000; Slater et al., 2009; Tichenor et al., 1970）。这种知识差距强化了在资源方面的现状差异，以及对争议性议题和相关的科学进行社会对话的参与。在策划如何让没有准备好对作为一种话题的科学予以关注或者对作为一种话题的科学不感兴趣的部分公众参与进来时，科学传播者需要考虑这种差距。参观博物馆，在公共广播网（Public Broadcasting Network）上观看诸如《新星-今日科学》（*Nova Science Now*）这样的纪录片，或者积极地阅读国内报纸上科学报道的人是容易接触到的受众。但他们并不是美国人口的大多数，并且在受教育和财富方面，他们代表了某种精英。

实际上，研究表明，如何使用和处理科学信息方面存在的差异会扩大群体之间的知识差距。特别是，具有较高经济地位或社会地位的群体会比经济地位或社会地位较低的群体更有效地处理和吸收新信息。结果，随着新信息被利用起来，现存的知识差距就扩大了，因为具有较高经济地位或社会地位的受众也往往拥有消息更灵通的讨论网络来帮助他们理解新信息，或者为他们带来更有效地处理新信息的知识（Corley and Scheufele, 2010; Nyhan et al., 2013; Scheufele, 2013）。然而，早期的研究还表明，以互联网为基础的科学信息来源更容易被多元化的受众所获得，无论其经济地位或社会地位如何，并且能帮助降低因更传统的渠道而产生的知识差距（Cacciatore et al., 2014）。

我们还需要开展一些研究，以理解个体和决策机构如何获得和评估来自不同媒体来源的信息。同时，还需要开展的研究是确定科学传播者如何在很多彼此竞争的信息来源、消息和框架中能被倾听到。此外，在提升公众对科学和科学信息的意识或理解方面，或促进在科学和科学信息上形成公共舆论方面，某些形式的媒体是否会优于其他形式，以及对谁来说某些形式的媒体会优于其他形式？

第五章

为有效的科学传播建立知识库

随着科学和技术越来越融入现代生活的各个方面，向公众和决策者有效地传播科学的需求的意识也开始增强。如本书中所回顾的那样，在影响对科学进行传播的努力方面，存在着大量的科学文献，但仍然有很多尚未回答的问题。本章将总结科学传播的主要挑战及本书中所识别出的研究需求，旨在为资助者和科学家提供一种潜在的研究议程。

存在于科学共同体和科学传播共同体中的一个广为人知的假设就是，科学传播做得好，会影响公众对社会议题的理解和态度。然而这种假设并没有得到广泛的验证，并且这也需要进行验证。稍后会在本章中对科学传播的有效性的测度进行更详细的讨论。

在科学传播研究者和从业者之间形成的伙伴关系，可以把从研究中得到的东西转化为实践，以及在对如何更好地传播科学的求真务实的假设进行测试方面设计出研究议程，在这方面我们还需要开展研究工作。对这种转化研究进行组织的模型包括国立卫生研究院（National Institutes of Health）的国家促进转化科学发展中心（National Center for Advancing Translational Sciences），及国家科学基金会鼓励大学研究人员和就职于教育或产业的专家之间形成伙伴关系的活动。这种努力也会对科学传播者的培训产生影响。

科学传播学委员会的任务就是对科学传播相关的研究进行回顾，以便为未来提出一个研究议程，因而，该委员会主要由科学家组成。在研究过程中，科学传播学委员会在不同的时间点聘请了众多对科学进行传播的从业者，包括通过公共委员会会议、邮件和电话讨论以及对报告草案进行评审的专家。在公共会议中，政策制定者的意见也被收集起来，他们是科学传播的重要受众。期望本书中描述的议程将在那些着眼于为研究和实践确立优先性，以及为找到贯彻本书中所提出的想法的各种方法的科学传播者、研究者和研究资助者之间推动讨论的开展。

本章的第一节描述了为科学传播建立证据库而需要关注的一般概念性议题和方法论议题。本书不是也不会是对科学传播的学术成就进行的综合性回顾。然而，如本书呈现的那样，关于对科学进行传播的文献很明显是多元的、分散的，且处于不同的发展阶段。对于某些议题来说，相关的研究已经积累到了熟知某些事情的地步，至少是在对科学进行传播的特定情境中或者对具体的议题进行传播方面。在其他情况下，其证据则相对更为间接。通常，某些研究的开展并不是为了影响科学传播，并且科学传播与那个话题的相关性也是推导出来的。对于它们与科学传播的相关性的这些见解，我们还需要进行系统性的验证。

在某些领域，特别是像社交媒体和社交网络的作用这样的新兴话题，研究基础是由一个或者数个研究组成的。虽然此处描述的研究可能引人注目并且为实践提供了意见，但重要的是，不能对它们的研究结果进行过分的概括。这些研究需要进行重复和扩展，以对其结果以及它们是否适用于不同的受众和情境提供更大的确定性。美国国家科学院举办了两次科学传播学研讨会，并且为《美国国家科学院院刊》（*Proceedings of the National Academy of Sciences of the United States of America*）提供了两期专刊（Fischhoff and Scheufele, 2013, 2014），召集组成了科学传播学委员会。该研讨会为来自不同领域的科学传播者和研究者解决面向科学传播的有科学依据的方法（science-informed approaches）这样的需求及工作指明了方向。

本章的第二节呈现了一些围绕着有效的科学传播挑战的悬而未决的问题，在一般层面上对这些问题进行了论述，并且围绕着科学传播学委员会发现的主要挑战进行了设计。对于每一个问题，都呈现了一些更具体的问题的案例，如果能够加以利用，那么这些案例会让科学传播者的工作更有效。在每种情况下，本书不具体说明必须贯彻执行的所有重要问题。相反，研究人员需要利用他们的技术性专业知识并且与专业的科学传播者及受众形成伙伴，以找到最有用的细节问题与可行的方法，来解决一个特定兴趣领域的每一种主要挑战，这种伙伴关系可能涉及就职于政府、边界机构、大学新闻办公室、媒体和产业中相关传播领域的研究者、科学传播者以及专家。

本章的第三节提出了提升研究能力的方式，这些能力是贯彻所提议的研究议程所需要的。为基础设施中心提供的这些建议主要着眼于吸引来自不同学科的研究者开展科学传播研究的需求，但是也有其他额外的需求。自始至终，我们都在为可能采用这种研究议程的一些方式提供简要的观察。

第一节　一般的概念性议题和方法论议题

我们需要对一般的概念性议题和方法论议题进行调查，以便为科学传播学建立研究基础，包括为开发一些方法而把目标与正确的传播方法结合起来，利用系统方法来指导对科学传播进行的研究，对科学传播的有效性进行评估，对不同国家、国际和文化情境进行对比。

一、把目标与正确的传播方法结合起来

人们因各种原因而对科学进行传播。科学传播的第一个目标就是单纯地分享科学的成果和激情；第二个目标是把对科学的鉴赏作为理解和引导现代世界的一种有用方式；第三个目标是增加同需要进行决策的具体议题相关的科学的知识和理解；科学传播的第四个目标是影响人们的观点、行为和政策偏好，比如在证据的重要性清楚地表明某些选择对公共卫生、公共安全或者其他社会关切有重大影响时；科学传播的第五个目标是让多元的群体参与进来，以便在为影响每个人的社会问题寻求解决方案时，可以将他们在重要社会议题相关的科学上的视角考虑进来。我们需要开展重要的研究工作，以让方法与有特定目标的科学传播保持一致。

科学传播通常是为了实现更大的目标，这个目标超越了对科学本身进行的讨论。这方面的案例包括：提高疫苗接种的水平或围绕着气候变化鼓励特

定的政策选择。在完成这些目标方面，不仅仅是对科学进行简单的传播比较有效，其他的方法也是可能的。值得探究的重要问题包括：相对于其他重要的事情而言，科学传播对于实现最终目标有多重要？对科学信息进行传播的各种不同方式如何扩大或改变了科学在决策中被衡量或使用的方式？

二、利用系统方法来指导对科学传播进行的研究

科学传播发生在一个复杂的系统中，这个系统中的要素包括被传播的内容、这些内容被传播的形式、对科学进行传播的多元机构和个人、不同的受众、传播的渠道、传播发生的政治现实和社会现实，以及受众可能从中发现额外的且可能是互相冲突或不精确的科学信息的很多其他来源。每一种要素本身都是复杂的，并且要素之间互动的方式也是复杂的且在很大程度上是未知的。此外，这个系统是动态且不断变化的，其独特特征取决于被传播的科学的类型。人们对一般意义上的科学的理解和看法以及它与具体议题的相关性也是随着时间而改变的，政治环境和媒体关注的水平也在变化。利益群体和游说群体、监管者和很多其他利益相关者的参与也是如此。

截至目前的研究表明，虽然可以分别地研究并在一定程度上理解让科学传播得以产生的体系的每种要素，但是当把各种要素视为一个有机的整体并因而采用系统方法时，对科学进行传播的研究是最有效的。系统方法通常被界定为“人们采用广阔的、全面的、长期的视角来看待世界，并对要素之间的关联和互动进行考察的一种迭代学习过程”（Institute of Medicine, 2010, p. 74）。

系统方法有助于科学传播中的研究者和传播者考虑这种传播中各种要素的互动，以及它们随时间变化在现实世界中发生的情境，并超越了在某一时间点以孤立的方式对每种元素进行的研究。这种整体性的理解可以对把系统的复杂性考虑进来的传播工作进行指导（比如，传播应该对准的层次，谁应该参与到传播中，需要传播什么类型的内容，以及如何进行传

播，甚至是否就不该有任何形式的传播）。

如果没有系统方法，对干细胞研究进行的有效传播就很困难。虽然传播需要把对个体的态度和决策具有影响的心理因素和认知因素考虑进来，但是这些态度和决策并不是孤立地发展的。相反，它们通常受到群体层面的影响，比如具有独特传播渠道和影响机制的教堂或其他社区团体（Matei and Ball-Rokeach, 2003）。围绕着干细胞研究的传播环境深受来自社会层面上的各种利益相关者相互竞争的声音和压力的影响，包括政治家、宗教团体以及监管机构和资助机构。因而，如果不把这些不同影响水平之内和之间的动力机制考虑进来，那么对干细胞研究进行传播的任何努力注定是不太有效的。同样的动力机制出现在很多争议性议题中，包括儿童接种疫苗与转基因生物。

上面概述的一些要素及它们的影响是不可预测的或不直接的，但是有可能对它们进行足够的记录，以便为因特殊原因以特定方式对科学进行的传播如何在更大的影响系统内产生出来提供一些模型。其他领域已经使用这种一般性方法来增加知识并取得了重要成果（Institute of Medicine, 2010, Chapter 4）。这种模型的建构和测试可以成为研究的基础，这种研究利用现场实验来测试在复杂的传播环境中对科学进行传播的方法。采用这种路径要求我们对这个系统的个体元素及它们是如何互动的有很强的理解。最起码，着眼于分析的任何层次的研究人员都需要精确地意识到开展传播工作的更广泛的情境。然而，更重要的是，系统性的视角要求研究人员在经验的基础上理解随时间的变化而出现在该系统中的不同要素的互动，以及分析层次（个体、群体、共同体和社会）之间和之内的互动。

在理想状况下，这项工作开始于同每种要素相关的证据进行深入且综合的考察，研究表明，对于在特定情境下开展传播以实现特定目标、每种要素如何相互关联以及找出知识方面的具体差距来说，每一种要素都是重要的。可以用这些审查对不同的元素如何单独地运作，以及如何在它们的互动中运作以影响人们对具体情境下旨在实现特定目标的特定科学传播类型的反应提出初始假设。比如，科学传播对个人决策产生影响的解释性模型需要具体说明每种元素，比如所做的决策的类型，有可能影响那种决策的因素，何时及用什么形式使用或不使用科学信息。

其他领域也利用了这种系统思维，比如公共卫生和政治科学。在公共卫生科学传播中，系统思维使得个体在复杂且动态的社会和政治环境中如何对相互竞争的信息做出回应提出整合的视角成为可能，以及对这些信息如何在人际网络和其他社会群体中传播和演化提出整合的视角成为可能。在以系统思维为基础的方法上对科学传播开展的研究给予的关注相对较少。鉴于科学传播共同体面临的问题的复杂性和多层次本质，科学传播学委员会主张科学传播的研究应着眼于这种方法，并且提出了旨在对这些努力有所影响的经验研究项目。利用系统方法来回答的主要问题的例子包括：

（1）个体、群体、共同体和社会层面上的科学传播中涉及的各种元素如何相互作用以影响人们如何理解、认知和使用科学。

（2）在对与科学相关的争议中的科学进行传播的各种尝试方面，如何应对不同类型的受众取决于争议的本质；所做的决策的类型；相关科学的现状（比如，是新兴的还是完善的）；以及所牵涉的价值观、信仰和有组织的利益的类型。

三、对科学传播的有效性进行评估

截至目前，对科学传播进行的大多数研究都是描述性的和相关性的，现有的研究中只有相对较小的一部分让有关因果性的充满信心的陈述成为可能。这种局限性并不是对科学传播进行的研究所特有的，而是一般意义上的对传播进行的大多数研究所具有的特点（Fischhoff, 2013）。利用多种方法对有关科学传播的问题进行调查尤为重要。比如，对有代表性的人群进行的调查产生了高度的概括性，但是除非对个体随时间推移而出现的变化进行跟踪，否则以调查结果为基础而获得强有力的因果推论是有问题的。相反，对照实验为因果关系带来了强有力的结论，但即使在现场实验的情况下，以及尤其是在实验室的实验中，它们在多大程度上可以推广到更广泛的公众也是不确定的。因而，强有力的结论来自于多种方法之间的三角化。此外，本书中所提出的某些问题的本质，特别是那些对与个体相悖的政策和群体有影响的问题，使得这些问题不太可能成为某种随机设计的对象，而这种设计被认为是决定因果关系的黄金标准。因而，利用各种方法的组合是十分重要的，随着时间的推移，这些组合会在受众如何对科学进行传播的各种方法做出反应方面获得有说服力的结论。我们需要开展更大量的研究，以决定哪种方法对谁、何时以及在什么条件下有效。这种知识应该为如何有效地传播科学，以及如何使科学传播适应于特定的受众和情境以实现具体目标而产生一般性的、基于证据的原则。关注于以下方式的研究特别令人大开眼界：

（1）利用具有代表性的样本的一次调查或纵向横断面的调查，可以提供有关人们理解、认知和使用科学的信息，而这些信息可以推广到更大的人群，同时也可以对理解这些测量方法如何随时间的推移而变化提供信息。

（2）可以用随机对照的现场实验来评估对科学进行传播的特定方法在人们理解、认知和使用科学方面的变化的影响，或者对任何其他重要成果的影响。

（3）需要开展一些研究，以尽可能地模拟现实世界传播环境的情况。

（4）效果研究可以对这种成果可能使用的其他情况做出推论方面提供支持，这种研究包括对被调查的科学传播所发生的情境进行深入描述。

（5）科学传播中的研究通常利用便利样本，比如本科生或者土耳其机器人服务（Mechanical Turk Service）样本。认真地选择样本是重要的，这有助于将研究结果推广到那些是传播的目标受众的不同人群中。

（6）在科学传播的质量和有效性方面需要更好的措施，因而要记住这种工作是否有效取决于传播者的目标，以及传播者和目标受众对成功的传播的界定可能是不同的（比如，当受众想从科学中获取信息时，传播者还会试图去说服他们）。

（7）就收集所需的信息以评估人们对与社会议题相关的科学的理解和认知上产生的变化来说，对海量数据进行的分析是有用的，比如那些来自社交媒体和其他新兴的在线传播平台的海量数据。这些变化对于预测相关行为或决策的变化可能是有用的。

最后，我们还需要付出努力（也许是以登记注册的形式），以对来自根据关键维度所开展的效果研究和目录研究的结果进行聚合，以便使这种研究所采用的方法和所产生的证据能更容易地共享，进而作为未来工作的基础。对这种工具的开发将使建立证据基础成为可能，这种证据基础能发现对科学传播及对科学进行传播的不同方法的元素产生影响的关键要素，这种元素可以推广到各种话题或者专属于特定情况。此外，目前从与科学传播相关的研究中找出所有为人所知的内容极具挑战性，因而，也需要付出努力来帮助研究人员评估和利用不同学科中相关的研究。像那些在公共卫生科学领域中存在的对原创性研究、研究综述和研究协议进行的登记注册会有助于完成这项任务。

四、对不同国家、国际和文化情境进行比较

对不同国家、国际和文化情境的分析和比较可以为全球范围内与科学相关的争议和新兴议题带来重要的见解。比如，某些议题在某些地方极具争议，但是在其他地方却没有争议，并且在对议题如何设置框架方面以及科学传播所采用的成功经验方面的情境也是不同的。对情境进行比较，可以为从单独情境的分析中无法获得的一系列广泛因素提供见解（McCright et al., 2016；Arnold et al., 2016; Gaskell et al., 2000）。比较不同情境下对科

学进行传播的方法也有助于发现跨语境的至关重要的原则，以及那些专属于当地、本国或国际层次上的争议的重要原则。然而，同时值得注意的是，这种跨语境研究是那些为实验研究设计带来独特挑战的研究之一。

第二节　科学传播实践和研究面临的主要挑战

科学传播实践和研究面临的主要挑战包括：对科学传播的聚合影响的理解，让公众正式地参与科学，理解在面对公众争议时传播科学的特殊复杂性，以及在复杂、动态且充满竞争的传播媒介环境中传播科学。以下是科学传播学委员会对与需要理解的每个挑战相关的因素的一些结论。

一、对科学传播的聚合影响的理解

大多数人并不经常关注科学，尽管他们在日常生活中会遇到科学并从中获益。只有当科学对他们作为个体而必须做出决策来说十分重要或对他们在一个机构中必须发挥作用非常重要时——比如，作为消费者、患者、家长、选举人或政策制定者，他们才会试图去理解科学。

截至目前的研究已经指出了向不同受众有效地传播科学具有挑战性的一系列因素，不管科学是否与公众争议相关。

（1）有些挑战源于科学信息的复杂本质，比如科学中固有的不确定性，以及人们处理这种信息的方式。例如，人们经常对科学的模糊性感到不安，并且在理解科学的不确定性和概率方面存在困难。不确定性有若干来源，包括对证据的重要性的模糊性，对源于概然性证据（风险）的未来结果的不确定性，对科学证据适用于特定情境或具有个人意义的程度的不确定性。通过提供额外的信息，持续的研究可以解决某些不确定性，但是在其他情况下，特别是当涉及科学的复杂问题时，不确定性是会持续存在的。

（2）如第二章中讨论的那样，人们一般会利用捷径来理解大量复杂的科学信息。他们拥有各种各样的信仰和价值观。这些信仰和价值观会影响他们对新信息的阐释，并且在人们穿梭于复杂的世界之中时会导致人们对科学信息的阐释的不确定性，特别是牵涉不确定性时。

（3）如第二章中所示的那样，人们在确认他们现有的思维方式方面有着强烈的倾向，这是一种对抵制变革做出决定或者采取态度的趋势。

（4）与其他形式的传播一样，在科学传播中，受众会决定信息来源或他们所代表的机构是否值得信任。人们会利用这种评估来决定什么信息值得他们关注，并经常决定他们对那些信息会怎么想。

（5）人们的观点和决定也受到各种各样的社会因素——社交网络、规范、群体成员身份和忠诚度的影响。

我们需要开展深入的研究，以确定上述每一种因素在特定情况下对科学进行传播以实现具体目标的重要程度，我们还需要开展研究，以决定这些因素相对于当科学牵涉争议时发挥作用的其他因素的重要性。

需要对社会议题做出的很多决策发生在政策层面。然而，有关科学传播对政策决定产生影响的信息是稀缺的。出现这种差距的一个原因在于，在复杂的决策环境中很难了解某种具体的传播是否会对一种决策产生影响。重要的也许更容易解决的问题是，在正式的政策过程中，决策者是如何获取、遇到、理解、共享和讨论科学信息的？科学传播会如何影响这些过程？以及当科学牵涉公共争议时，这些过程是如何受到科学传播的影响的？

智库、科学协会、以证据为基础的情报交流所、政府机构、产业组织和非营利组织对供决策者、媒体和广大公众使用的信息进行汇集、翻译和阐释发挥着有组织的作用。在不同类型的组织对科学进行传播的努力取得成功的条件方面需要开展研究，比如，边界组织对科学相关议题的政策讨论的质量或者结果具有什么影响？

二、让公众正式地参与科学

那些旨在把普通公众带入科学家对重要的科学相关议题的讨论之中的正式公共参与的目标是，在专业知识、能力和价值观上存在差异的群体之间促进信息、知识、视角和偏好的交流（National Academies of Sciences, Engineering, and Medicine, 2016b）以及发现共同点。当科学是新兴的并且对社会具有不确定的影响时，或当科学牵涉公共争议时，同公众开展这种类型的对话就特别重要。

正式的公众参与很难做得很好。第三章为公众参与提供了一些原则，这些原则主要来自于环境评估和决策制定的文献，并且这些证据的大多数都来自于当地及区域层面的公共参与活动。由于在诸如基因编辑、缓解气候变化、生物医药研究和公共卫生政策这样的多元议题上开展了公共参与，所以我们能够发现两个关键的研究问题：让科学被有效地传播成为可能的公共参与的特殊结构和过程是什么？在多大程度上这些过程可以被推而广之或者需要根据参与者的多元性、根据需要做出的决策及话题的本质而进行定制？

三、理解在面对公众争议时对传播科学的特殊复杂性

公共争议中所牵涉的科学会让科学传播业已复杂的任务变得更加复杂。与科学相关的争议会有很多不同的形式，并且会因各种不同的原因而出现，就像第三章中所描述的那样。虽然本书发现了让对科学进行传播变得特别具有挑战性的科学相关的争议的特点，但是如果想要科学传播更加有效，就要对这些争议的起源和动力机制有更多的理解。下面是一些需要继续深入研究的问题的例子。

（1）什么因素促进了科学相关争议的出现？这些争议在多大程度上源于科学共同体而非广泛的政治、经济或社会领域？

（2）为什么某些涉及科学的争议获得了吸引力并且持续存在，而其他的争议则没有？

（3）随着科学相关争议的演化，人们对科学的认知是如何随时间的演变而变化的？为什么？对将变得有争议并且有可能极化的科学信息的认知程度产生影响的这些（个人的、社会的、情境的）因素是什么？

（4）科学相关争议的起因在与那个议题相关的科学进行有效传播的方法方面的重要性有多大？对科学进行传播能帮助解决产生科学相关争议的各种原因吗？哪种对与争议性议题相关的科学进行传播的方法是有效的，哪种是无效的？

（5）对与争议相关的科学进行传播的机构和个体是多元的，并且他们因各种原因而进行传播。来自于各种渠道的不同信息如何互动以影响人们对一段时期内的科学信息的反应？

（6）如何解决涉及科学的公共争议？在什么条件下，科学信息的传播通过改变人们的理解或观点而对辩论的解决方案产生影响？

与科学相关的争议反对简单的类型学。尽管如此，如第三章中所描述的那样，科学传播学委员会认为与科学相关的争议具有三个需要更深入地去了解的特征：①位于辩论的核心的是对信念、价值观和利益的冲突，而非对来自于科学的知识的简单需求；②公众或在科学及科学的含义中看待不确定性，或把不确定性视为传播者在公共领域谈论不同且有时候自相矛盾的事情的结果；③组织利益和有影响的个体的声音在公共话语中被放大了，并且阻碍了让科学证据的状况变得清晰。

下文将依次对每种特征予以讨论，并且确定需要通过研究加以解决的主要问题，从而为对科学进行传播提出有效的方法。一般来说，对研究而言，重要的是要决定这些问题的答案是否会根据议题（比如，气候变化和疫苗接种），争议的规模（比如，当地的、国内的和国际的），决策机构的本质（比如，国会、执行机构和法院、当地政府、州政府、国家政府和私营部门）的不同而不同，并且会根据受众的信仰、价值观、世界观、信任的层次、心智模式的差异而有所不同。

1. 信念、价值观和利益的冲突

如前面讨论的那样，在很多不同的科学相关争议中，具有不同信念、价值观和利益的受众与个体会以非常不同的方式对同样的科学信息做出反应。在某些情况下，对来自科学上已知的东西进行持续地传播会让人们更强烈地相信有关科学的事实上错误的信息，因而更好地理解科学信息变得更加困难。当在信念、价值观和利益方面的冲突位于人们决策的核心时，如何能对科学进行有效的传播？在这种情况下，科学传播能具有多少效果，对谁有效果，以及在什么情况下会有效果？

在冲突的情境中对科学进行有效的传播，要求受众把科学和科学家视为是可靠的。当科学牵涉争议时，哪些因素影响了科学家和科学信息的可信性？在这种情况下，科学传播者对他们自己的价值观和偏好开诚布公会产生什么效果？说服人们接受具有科学支撑的立场的努力会如何影响人们对科学家的认知？在对科学或科学共同体不信任的情况下，对与争议性议题相关的科学进行传播方面什么才是最好的策略？

公众参与是解决同科学相关的信念、价值观和利益方面的冲突的一种方法。然而，鉴于公众参与方面的最佳实践建议是要让利益相关者尽早参与进来，一个重要的尚未解决的问题是，一旦某个议题变得具有争议，那么在正式的公众参与过程中，对科学进行传播会在多大程度上有效以及通过什么方式有效？

最后，在很多情况下，对争议性的科学相关议题进行讨论的公众参与产生了对这种话语进行结构化以实现特定结果的一套原则。然而，大多数这类研究都着眼于环境评估和决策制定领域。在一系列社会议题（比如，生物医学研究、公共卫生政策、基因编辑、教育政策）和争议类型中，公共论坛中对科学进行有效传播的有效结构和过程的要素是什么？来自同一个群体或社区的受众在他们的价值观、兴趣和经历方面是内在多元的。群体或社区的特征如何影响他们对科学传播的反应以及他们参与的不同方法？

2. 科学相关争议中的不确定性

对科学的不确定性进行传播是科学传播的所有实例中一个相当大的挑战。然而，在争议当中，有关风险和科学的其他方面的不确定性的问题尤为明显。这种不确定性会被轻易地误解、利用或扩大以服务于特殊利益。在与科学相关的争议中，如何有效地传播科学的确定性或科学共识才刚刚兴起，因而重要的问题仍然包括以下两个方面：

（1）在存在科学相关争议的情况下，对科学共识进行传播以及谈论科学信息的不确定性的程度或类型的有效方式是什么？

（2）在理解人们对争议中传播科学信息的尝试做出反应的方式上，正在取得一些进展。然而，在很大规模上可以实施的科学相关争议的情况下，也需要提出详细的方法来理解受众对科学的不确定性的反应。

3. 科学相关争议中被放大了的声音

科学传播可能会考虑不同受众的信念和价值观，并且对科学证据的重要性位于何处进行很好的传播，但是在涉及争议性议题的讨论中，这些考虑仍然会被忽略或忽视。高风险、利益冲突、不确定性以及对风险增加及其后果的担心，会使试图对科学进行传播的人和机构的数量及多样化，以及（无论是否恰当地）令利用科学信息的当事人的数量增多。在这种情境下，有关科学的错误信息会让来自科学的权威性声音难以被听到。在下列领域中，尤其需要开展研究。

（1）科学上的错误信息来自误解以及刻意曲解科学的行为，揭穿这种错误信息是困难的。相关的研究就实现这个目标提出了一些策略，并探讨了这些策略会对谁有效。然而，还需要更好地理解修正错误信息的有效策略。

（2）把科学信息放到科学相关争议的框架之中的有效方式是什么？对一个议题设置框架的重要性有多大，以及最好何时对框架进行设置？

（3）在共同体中，意见领袖是重要的声音，但是他们参与传播科学信息可能会给科学家的公信力带来风险。不同类型的意见领袖如何影响人们对科学信息的理解，以及如何影响科学信息在人们决策中的使用？

四、在复杂、动态且充满竞争的传播媒介环境中传播科学

如今，科学传播发生在一个复杂且快速变化的媒介环境中，很多声音比以往任何时候都更加努力地在所有话题（包括科学）上争夺不同受众的注意力。新闻使用的模式正在发生变化，随之而来的是商业新闻的结构的变化。这种发展对于科学新闻来说尤为显著。同时，传播的新方式也在网络上不断地涌现出来，从而使得扩散、新的形态以及覆盖范围的成本更低，设定框架和议程的核心把关人也更少。这种传播的新形式在吸引人们对争议性议题相关的科学的注意力，以及塑造他们对争议性议题相关的科学的看法上带来了新的挑战，但也提供了一些新的机会。

在人们参与同社会议题相关的科学信息方面，媒体发挥了作用，而这种作用在方式上的变迁是一个新兴的研究领域。截至目前，这项研究着眼于几个主题：受众的个体偏好和其他特征如何影响他们对媒体、媒体信源及在线科学内容的选择；网络共同体的社交互动和规范如何影响人们对科学信息的参与和看法；媒体如何制造并传播错误的或不精确的科学信息。

在理解个体和决策机构如何从不同的媒体信源中获得并评估信息方面，还需要开展研究。这种研究需要与媒介景观的变迁保持同步，为新闻和社交媒体设计更全面的模型，并且为新闻分享网络提供更多的信息。在这个领域中，未来研究的主要问题包括以下几方面。

（1）有关科学现状的精确信息如何能在众多互相竞争的信息和信源中被倾听到？鉴于人们在网络上搜寻和遇到的新闻越来越针对他们的偏好，那么，该如何对科学进行传播，以确保当人们需要信息时可以接触并且获取这些信息？

（2）在提升公众对科学信息的认识或理解或形成公众意见方面，某些形式的媒体要好于其他形式吗？对谁来说会是这样？比如，这些效果如何根据受众的不同特征而有所不同，比如他们的价值观、群体归属感和忠诚度，“像科学家一样”思考科学信息的趋势，以及不同的人口统计学特征？

（3）科学传播者如何得到在获取和利用科学信息方面存在障碍的受众，比如那些受教育水平和收入水平较低的人？

（4）美国人通过媒体获得的大多数科学信息仍然来源于传统新闻。对报道什么，如何从不同视角进行报道，对一个议题报道多少和多久，以及如何为报道设置框架的新闻决策会影响公众对科学的认知，影响他们所关注的议题及公共议程，并影响他们如何判断科学信息的可信度和科学事业的公信力。出于这些原因，为了决定媒体如何在动态的传播环境中影响人们对科学的认知、理解和使用，重要的是要理解和追踪随着时间的推移媒体如何报道科学。在传统新闻报道方面，我们对他们的新闻决策和影响了解的相对较多，但是在快速变迁的网络环境中，这些决策如何操作和影响科学信息的受众呢？

（5）社交媒体和科学博客被越来越多地用于传播有关科学的精确信息

和错误信息，我们需要开展研究，以找到在社交媒体平台上和通过博客来传播科学的有效方法。

（6）社交网络是人与人之间的连接和关系网，这种连接在强度上存在差异并可以为社会影响提供一种手段。人们的信仰、态度和行为会受到把意见领袖纳入其中的网络的影响。虽然一直如此，但是社交媒体有可能会影响这些网络的组合和效果。未来的研究需要考察媒体的变迁对人们如何通过社交媒体与其他社交网络认知和理解科学所产生的影响。可以采用像社交网络分析这样的工具来记录社交网络中信息和情感的流动，并评估它们的影响。

为了更好地理解这个复杂且正在不断变迁的媒介环境，下面是需要加以解决的问题的额外案例。

（1）社交媒体在人们对科学的认知和理解上及在人们做决策时对科学信息的使用上具有什么影响？社交媒体限制了人们接触多种信息渠道和视角（比如，“过滤器泡泡”“回音室”）的特点如何影响人们对科学的认知，以及如何影响人们在做决策时对科学信息的获取、理解和使用？如何对科学信息进行最好的传播所带来的启示是什么？

（2）数字技术在更有效地呈现科学信息方面的作用是什么？比如，新的软件已经加快了可以在网络上扩散的信息的交互式图形描述的发展。这种图形如何能有效地加以利用？对谁来说它们是有用的？在什么条件下它们可以被有效地利用起来？

五、有待研究的其他问题

在科学传播面临的挑战方面，下面是一些需要回答的额外问题的例子，无论它们是否具有争议性。

（1）科学素养的哪些方面对有效的科学传播来说是重要的？个体的特征，比如数学能力或科学的先验知识，如何影响他们对科学信息的处理？这些不同个体的差异的效果如何根据呈现科学信息方式的不同而不同，比如利用不同的视觉表征？

（2）有效的科学传播对于人们理解科学的本质和过程有多重要？对科学本质的理解真的能转化成在决策或生活的其他方面使用科学信息吗？在做决策时，对科学信息具有某些“像科学家一样思考”的能力会影响人们对这种信息的反应或使用吗？比如，对科学方法具有一定的理解，在利用科学做决策方面具有一定的能力，或者能够对概率性信息进行解读重要吗？这些理解和能力在特定情境下会或多或少重要一些吗，比如在与科学相关的争议中？

（3）很多人认为掌握了与一个议题相关的科学的知识会影响人们对这个议题的态度。具体什么类型的科学知识会影响人们对一个议题的态度？为让受众对理解这种科学持开放态度并且在决策中考虑利用这种科学，某些类型的态度重要到了要首先予以解决的程度吗？原有的态度或对与科学相关的知识能预测个人决策或政策选择吗，并且在什么情况下可以如此？

（4）对框架的研究证实一个议题如何被投射会影响有关那个议题的公众态度和行为，但是在同社会议题相关的特定立场予以支持的具体态度或其他措施的效果方面所开展的研究发现，框架的作用是好坏参半的。框架在塑造人们对科学信息的理解方面发挥了什么作用？

（5）受众在种族、民族、语言、收入水平和教育水平上存在差异，并且因为规范、信仰或经历的不同而导致对科学的反应有所不同，那么，科学传播如何能够到达这样的受众，并且根据这些受众的需求和关切进行定制？

（6）什么因素影响了受众对科学和科学信息的信任感？信任如何根据传播者、传播目标（比如，提供信息与说服）以及传播情境的不同而不同？信任如何随着有关一个议题的科学被不断地传播而发生变化？

（7）在什么情境下，哪种类型的科学传播者最有效？在什么情境下，相对于其他人而言，科学家充当传播者是重要的？

（8）根据传播的目标、情境和目标受众的不同，有效的科学传播者的核心能力是什么？

（9）不同受众的观点在多大程度上会受到科学共同体内可被感知到的问题的影响，比如研究结果的可重复性的限制、科学欺诈或者利益冲突。

第三节　建立合乎逻辑的科学传播研究事业

一个富有成效但较小且正逐渐发展的研究者群体正在研究科学传播，但是如果想真的有所进展，就需要培养研究能力以及逐步发展研究方法。有些方面的提升可以通过经费的注入来推动，但是还有其他需求。比如，研究者和开展实践的科学传播者需要定期交流的机会及信息和观点的结合，以便维持研究议程的现状，同时还要让这个议程可以发挥作用。对科学传播和科学相关争议进行研究的不同学科需要通力合作的机会和机制，以提出更统一的理论、概念及对那些事关科学传播及其影响的因素进行界定。需要在科学传播产生的现实情境中对科学传播进行研究，以采用可以直接地解决如何最好地传播科学信息的现实议题的方法。如果科学传播者认为研究有用，那么，他们需要同研究者合作以提出具体的研究问题，而这些问题是由科学理论和知识所指导的，并且可以解决传播者的目标和关切。

新的或改变方向的科学传播研究期刊和专业会议及其他论坛将比现存期刊更能对实践驱动的研究合作予以支持，其出版物可以更明确地适应那些科学传播领域之外的跨学科受众。要取得相关进展，就不能孤立地或临时地支持这些活动，而是要制定策略并且持之以恒，以便建立对科学传播实践有用的合乎逻辑的共同体与科学知识库。

对复杂现象的理解将为有效的科学传播提供一个恰当的知识库，而为了使对复杂现象的充分探讨成为可能，就需要从相邻领域招募更多的科学家，特别是从社会科学和行为科学领域。此外，还需要因不同原因及在不同情境下对科学进行传播的不同专业人士和机构的更积极参与。理想情况下，这个研究议程将被同科学进行传播的不同类型的边界组织、议题网络、代理机构、媒体组织和其他实体进行合作的研究人员所遵循。

对科学传播开展研究的一个挑战就是拟议计划与获得资助之间的长期拖延。迫切需要确保快速评审和资助这种研究的机制，特别是当一些议题突然出现时——比如寨卡病毒——以及来自科学的重要信息需要被传播时。并非所有加速这种研究的障碍都涉及经费问题，制度性结构和监管政策也会让及时的研究变得困难。一个例子就是根据《文书削减法》（*Paperwork Reduction Act*）的要求，从公众那里采集数据需要获得行政管理和预算局（Office of Management and Budget）的批准。此外，有关研究合作的新的机制需要遵循像美国国家海洋和大气管理局（National Oceanic and Atmospheric Administration）有关区域综合科学和评估（Regional Integrated Sciences and Assessments）的项目这样的模式，或者土地授予体系的拓展模式，这种模式对研究人员群体和决策者之间建立的合作伙伴关系予以支持，以设计和执行旨在解决复杂的实践问题的研究。私人基金会也会对研究人员和政策制定者之间的伙伴关系予以资助，以弥合研究和人们对研究结果使用之间的差距。这种伙伴关系意识到了要超越传播的简单模型，以生产有用的知识，以及把它传播给那些做出决策或者影响决策的人。

最后，处于各职业层次的科学传播研究者可能需要一些额外的培训，以具备必要的方法和专业知识来完成本书中提出的研究议程。或者，可以鼓励他们与具有必要专业知识的其他伙伴形成团队来运作。当美国教育部的教育科学院（Institute of Education Sciences）和国立卫生研究院认识到需要加强研究共同体的能力以应对提议的要求时，他们在培训或培育具有不同方法论知识的研究人员之间的合作方面就采取了类似的措施。培训包括开办课程或研修班，或者对课程或研修班进行赞助，以及支持改善博士或博士后培训项目。

第四节　最后的思考

因为科学已经触及日常生活的各个角落及个人和机构的决策，同时也因为越来越多的人在尝试着对科学进行传播，科学已经前所未有地成为公共话语的一个部分。为了公众的利益、决策者的利益、科学共同体本身的利益，对科学进行有效的传播的需要使得贯彻本书中提出的研究议程具有紧迫性。只有对科学进行传播的机构和科学研究的公共资助者与私人资助者致力于强化科学传播的科学及努力实现基于证据的实践时，这个议程才能得以实施。科学传播学委员会期望本书可以促进这一承诺的实现。

参考文献

Allum, N., Sturgis, P., Tabourazi, D., and Brunton-Smith, I. (2008). Science knowledge and attitudes across cultures: A meta-analysis. *Public Understanding of Science*, *17*(1), 35-54.

Am, H. (2013). Don't make nanotechnology sexy, ensure its benefits, and be neutral: Studying the logic of new intermediary institutions in ambiguous governance contexts. *Science and Public Policy*, *40*(4), 466-478.

Anderson, A.A., Kim, J., Scheufele, D.A., Brossard, D., and Xenos, M.A. (2013). What's in a name? How we define nanotech shapes public reactions. *Journal of Nanoparticle Research*, *15*, 1421.

Anderson, A.A., Brossard, D., Scheufele, D.A., Xenos, M.A., and Ladwig, P. (2014). The "nasty effect": Online incivility and risk perceptions of emerging technologies. *Journal of Computer-Mediated Communication*, *19*(3), 373-387.

Aral, S., Muchnik, L., and Sundararajan, A. (2009). Distinguishing influence-based contagion from homophily-driven diffusion in dynamic networks. *Proceedings of the National Academy of Sciences of the United States of America*, *106*(51), 21544-21549.

Arnold, A., Böhm, G., Corner, A., Mays, C., Pidgeon, N., Poortinga, W., Poumadère, M., Scheer, D., Sonnberger, M., Steentjes, K., and Tvinnereim, E. (2016). *European Perceptions of Climate Change. Socio-Political Profiles to Inform a Crossnational Survey in France, Germany, Norway, and the UK*. Oxford, UK: Climate Outreach.

Asensio, O.I., and Delmas, M.A. (2015). Nonprice incentives and energy conservation. *Proceedings of the National Academy of Sciences of the United States of America*, *112*(6), E510-E515.

Baram-Tsabari, A., and Segev, E. (2009). Exploring new web-based tools to identify public interest in science. *Public Understanding of Science*, *20*(1), 130-143.

Bednarek, A.T., Shouse, B., Hudson, C.G., and Goldburg, R. (2016). Science-policy intermediary from a practitioner's perspective: The Lenfest Ocean Program experience. *Science and Public Policy*, *43*, 1-10.

Bekker, H.L., Winterbottom, A.E., Butow, P., Dillard, A.J., Feldman-Stewart, D., Fowler, F.J., M.L. Jibaja-Weiss, V.A. Shaffer, and Volk, R.J. (2013). Do personal stories make patient decision aids more effective? A critical review of theory and evidence. *BMC Medical Informatics and Decision Making*, *13*(Suppl. 2), S9.

Bennett, W.L. (2016). *The Politics of Illusion* (10th Edition). Chicago, IL: University of Chicago Press.

Berkman, M., and E. Plutzer. (2010). *Evolution, Creationism and the Battle to Control America's Classrooms*. New York: Cambridge University Press.

Bernauer, T., and McGrath, L.F. (2016). Simple reframing unlikely to boost public support for climate policy. *Nature Climate Change*. Available: http://www.nature.com/nclimate/journal/vaop/ncurrent/full/nclimate2948.html [November 30, 2016].

Besley, J.C. (2010). Public engagement and the impact of fairness perceptions on decision favorability and acceptance. *Science Communication, 32*(2), 256-280.

Besley, J.C., and McComas, K.A. (2015). Something old and something new: Comparing views about nanotechnology and nuclear energy. *Journal of Risk Research, 18*(2), 215-231.

Besley, J.C., Dudo, A.D., Yuan, S., and Ghannam, N.A. (2016). Qualitative interviews with science communication trainers about communication objectives and goals. *Science Communication, 38*(3), 356-381.

Bhattacharjee, Y. (2010). NSF board draws flak for dropping evolution from indicators. *Science, 328*(5975), 150-151.

Bidwell, D., Dietz, T., and Scavia, D. (2013). Fostering knowledge networks for climate adaptation. *Nature Climate Change, 3*, 610-611.

Binder, A.R. (2010). Routes to attention or shortcuts to apathy? Exploring domain-specific communication pathways and their implications for public perceptions of controversial science. *Science Communication, 32*(3), 383-411.

Binder, A.R., Scheufele, D.A., Brossard, D., and Gunther, A.C. (2011). Interpersonal amplification of risk? Citizen discussions and their impact on perceptions of risks and benefits of a biological research facility. *Risk Analysis, 31*(2), 324-334.

Binder, A.R., Scheufele, D.A., and Brossard, D. (2012). Misguided science policy? The pitfalls of using public meetings as surrogate gauges of public opinion. *The Scientist*, April 10. Available: http://the-scientist.com/2012/04/10/opinion-misguided-science-policy [November 30, 2016].

Binder, A.R., Hillback, E.D., and Brossard, D. (2016). Conflict or caveats? How media portrayals of scientific uncertainty influence perceptions of new technologies. *Risk Analysis, 36*(4), 831-846.

Blank, J.M., and Shaw, D. (2015). Does partisanship shape attitudes toward science and public policy? The case for ideology and religion. *Annals of the American Academy of Political and Social Science, 658*(1), 18-35.

Bleich, S., Blendon, R., and Adams, A. (2007). Trust in scientific experts on obesity: Implications for awareness and behavior change. *Obesity, 15*(8), 2145-2156.

Bliuc, A.M., McGarty, C., Thomas, E.F., Lala, G., Berndsen, M., and Misajon, R. (2015). Public division about climate change rooted in conflicting socio-political identities. *Nature Climate Change, 5*(3), 226-229.

Boczkowski, P.J., and Mitchelstein, E. (2013). *The News Gap: When the Information Preferences of the Media and the Public Diverge*. Cambridge, MA: MIT Press.

Bolsen, T., and Druckman, J.N. (2015). Counteracting the politicization of science. *Journal of Communication, 65*(5), 745-769.

Bostrom, A. (2008). Lead is like mercury: Risk comparisons, analogies and mental models. *Journal of Risk Research, 11*(1-2), 99-117.

Bostrom, A., Böhm, G., and O'Connor, R.E. (2013). Targeting and tailoring climate change communications. *Wiley Interdisciplinary Reviews: Climate Change, 4*(5), 447-455.

Boutron, I., Altman, D.G., Hopewell, S., Vera-Badillo, F., Tannock, I., and Ravaud, P. (2014). Impact of spin in the abstracts of articles reporting results of randomized controlled trials in the field of cancer: The SPIIN randomized controlled trial. *Journal of Clinical Oncology, 32*(36), 4120-4126.

Braman, D., Kahan, D.M., Jenkins-Smith, H.C., Tarantola, T., and Silva, C.L. (2012). Geoengineering and the science communication environment: A cross-cultural experiment. Available: http://scholarship.law.gwu.edu/faculty_publications/199 [November 30, 2016].

Brewer, P.R., and Ley, B.L. (2013). Whose science do you believe? Explaining trust in sources of scientific information about the environment. *Science Communication*, *35*(1), 115-137.

Brewer, N.T., Chapman, G.B., Gibbons, F.X., Gerrard, M., McCaul, K.D., and Weinstein, N.D. (2007). Meta-analysis of the relationship between risk perception and health behavior: The example of vaccination. *Health Psychology*, *26*(2), 136.

Brewer, N.T., Hall, M.G., Noar, S.M., Parada, H., Stein-Seroussi, A., Bach, L. E., Hanley, S., and Ribisl, K.M. (2016). Effect of pictorial cigarette pack warnings on changes in smoking behavior: A randomized clinical trial. *JAMA Internal Medicine*, *176*(7), 905-912.

Brossard, D. (2012). A brave new world: Challenges and opportunities for communicating about biotechnology in new information environments. In M.-D. Weitze, A. Puehler, W.M. Heckl, B. Müller-Röber, O. Renn, P. Weingart, and G. Wess (Eds.), *Biotechnologie-Kommunikation: Kontroversen, Analysen, Aktivitäten* (pp. 427-445). Heidelberg, Germany: Springer.

Brossard, D. (2013). New media landscapes and the science information consumer. *Proceedings of the National Academy of Sciences of the United States of America*, *110*(Suppl. 3), 14096-14101.

Brossard, D. (2016). *Science and Social Media*. Presentation at the 2nd meeting of the Committee on the Science of Science Communication: A Research Agenda, Washington, DC, February 25. Available: http://sites.nationalacademies.org/cs/groups/dbassesite/documents/webpage/dbasse_171456.pdf [November 30, 2016].

Brossard, D., and Nisbet, M.C. (2007). Deference to scientific authority among a low information public: Understanding U.S. opinion on agricultural biotechnology. *International Journal of Public Opinion Research*, *19*(1), 24-52.

Brossard, D., and Scheufele, D.A. (2013). Science, new media, and the public. *Science*, *339*(6115), 40-41.

Brossard, D., Lewenstein, B., and Bonney, R. (2005). Scientific knowledge and attitude change: The impact of a citizen science project. *International Journal of Science Education*, *27*(9), 1099-1121.

Brown, P. (1992). Popular epidemiology and toxic waste contamination: Lay and professional ways of knowing. *Journal of Health and Social Behavior*, *33*(3), 267-281.

Brownell, K.D., and Warner, K.E. (2009). The perils of ignoring history: Big Tobacco played dirty and millions died. How similar is Big Food?. *Milbank Quarterly*, *87*(1), 259-294.

Brownson, R.C., Colditz, G.A., and Proctor, E.K. (2012). *Dissemination and Implementation Research in Health: Translating Science to Practice*. New York: Oxford University Press.

Bruine de Bruin, W., and Bostrom, A. (2013). Assessing what to address in science communication. *Proceedings of the National Academy of Sciences of the United States of America*, *110*(Suppl. 3), 14062-14068.

Bruine de Bruin, W., and Wong-Parodi, G. (2014). The role of initial affective impressions in responses to educational communications: The case of carbon capture and sequestration (CCS). *Journal of Experimental Psychology: Applied*, *20*(2), 126-135.

Bruine de Bruin, W., Parker, A.M., and Fischhoff, B. (2007). Individual differences in adult decision-making competence. *Journal of Personality and Social Psychology*, *92*(5), 938-956.

Bryk, A.S., Gomez, L.M., and Grunow, A. (2011). Getting ideas into action: Building networked improvement communities in education. In M. Hallinan (Ed.), *Frontiers in Sociology of Education* (pp. 127-162). Dordrecht, The Netherlands: Springer Publishing.

Budescu, D.V., Broomell, S., and Por, H.H. (2009). Improving communication of uncertainty in the reports of the Intergovernmental Panel on Climate Change. *Psychological Science*, *20*(3), 299-308.

Budescu, D.V., Por, H.H., and Broomell, S.B. (2012). Effective communication of uncertainty in the IPCC reports. *Climatic Change*, *113*(2), 181-200.

Budescu, D.V., Por, H.H., Broomell, S.B., and Smithson, M. (2014). The interpretation of IPCC probabilistic statements around the world. *Nature Climate Change*, *4*(6), 508-512.

Byrne, S., and Hart, P.S. (2009). The boomerang effect: A synthesis of findings and a preliminary theoretical framework. *Annals of the International Communication Association*, *33*(1), 3-37.

Cacciatore, M.A., Binder, A.R., Scheufele, D.A., and Shaw, B.R. (2012). Public attitudes toward biofuels: Effects of knowledge, political partisanship, and media use. *Politics and the Life Sciences*, *31*(1), 36-51.

Cacciatore, M.A., Scheufele, D.A., and Corley, E.A. (2014). Another (methodological) look at knowledge gaps and the Internet's potential for closing them. *Public Understanding of Science*, *23*(4), 376-394.

Cacciatore, M.A., Scheufele, D.A., and Iyengar, S. (2016). The end of framing as we know it… and the future of media effects. *Mass Communication and Society*, *19*(1), 7-23.

Cappella, J.N., and Jamieson, K.H. (1997). *Spiral of Cynicism: The Press and the Public Good*. New York: Oxford University Press.

Carnevale, J.J., Inbar, Y., and Lerner, J.S. (2011). Individual differences in need for cognition and decision-making competence among leaders. *Personality and Individual Differences*, *51*(3), 274-278.

Chang, V. Y., Arora, V.M., Lev-Ari, S., D'Arcy, M., and Keysar, B. (2010). Interns overestimate the effectiveness of their hand-off communication. *Pediatrics*, *125*(3), 491-496.

Chapman, G.B., and Liu, J. (2009). Numeracy, frequency, and Bayesian reasoning. *Judgment and Decision Making*, *4*(1), 34-40.

Chi, M.T.H., Feltovich, P., and Glaser, R. (1981). Categorization and representation of physics problems by experts and novices. *Cognitive Science*, *5*(2), 121-152.

Chowdhury, P.D., Haque, C.E., and Driedger, S.M. (2012). Public versus expert knowledge and perception of climate change-induced heat wave risk: A modified mental model approach. *Journal of Risk Research*, *15*(2), 149-168.

Christakis, N.A., and Fowler, J.H. (2013). Social contagion theory: Examining dynamic social networks and human behavior. *Statistics in Medicine*, *32*(4), 556-577.

Chryssochoidis, G., Strada, A., and Krystallis, A. (2009). Public trust in institutions and information sources regarding risk management and communication: Towards integrating extant knowledge. *Journal of Risk Research*, *12*(2), 137-185.

Coburn, C.E., and Penuel, W.R. (2016). Research-practice partnerships in education outcomes, dynamics, and open questions. *Educational Researcher*, *45*(1), 48-54.

Cohen-Vogel, L. Tichnor-Wagner, A., Allen, D. Harrrison, C., Kainz, K., Rose Socol, A., and Wang, Q. (2015). Implementing educational innovations at scale: Transforming researchers into continuous improvement scientists. *Educational Policy*, *29*(2), 257-277.

Coleman, R., Thorson, E., and Wilkins, L. (2011). Testing the effect of framing and sourcing in health news stories. *Journal of Health Communication*, *16*(9), 941-954.

Colquitt, J.A., and Rodell, J.B. (2011). Justice, trust, and trustworthiness: A longitudinal analysis integrating three theoretical perspectives. *Academy of Management Journal*, *54*(6), 1183-1206.

Contractor, N., and DeChurch, L. (2014). Integrating social networks and human motives to achieve social influence at scale. *Proceedings of the National Academy of Sciences of the United States of America*, *111*(Suppl. 4), 13650-13657.

Cook, T.E. (1996). Afterword: Political values and production values. *Political Communication*, *13*(4), 469-481.

Cook, J. (2016). Countering climate science denial and communicating scientific consensus. *Oxford Research Encyclopedia of Climate Science*. Available: http://climatescience.oxfordre.com/view/10.1093/acrefore/9780190228620.001.0001/acrefore-9780190228620-e-314 [November 30, 2016].

Cook, J., and Lewandowsky, S. (2011). *The Debunking Handbook*. St. Lucia, Australia: University of Queensland.

Corley, E.A., and Scheufele, D.A. (2010). Outreach gone wrong? When we talk nano to the public, we are leaving behind key audiences. *The Scientist, 24*(1), 22.

Corley, E.A., Kim, Y., and Scheufele, D.A. (2012). Public challenges of nanotechnology regulation. *Jurimetrics: The Journal of Law, Science and Technology, 52*(3), 371-381.

Corner, A., and Pidgeon, N. (2010). Geoengineering the climate: The social and ethical implications. *Environment: Science and Policy for Sustainable Development, 52*(1), 24-37.

Corner, A., Whitmarsh, L., and Xenias, D. (2012). Uncertainty, scepticism and attitudes towards climate change: Biased assimilation and attitude polarisation. *Climatic Change, 114*(3), 463-478.

Critchley, C.R. (2008). Public opinion and trust in scientists: The role of the research context, and the perceived motivation of stem cell researchers. *Public Understanding of Science, 17*(3), 309-327.

Cvetkovich, G., Siegrist, M., Murray, R., and Tragesser, S. (2002). New information and social trust: Asymmetry and perseverance of attributions about hazard managers. *Risk Analysis, 22*(2), 359-367.

Dahlstrom, M.F. (2014). Using narratives and storytelling to communicate science with nonexpert audiences. *Proceedings of the National Academy of Sciences of the United States of America, 111*(Suppl. 4), 13614-13620.

Dalrymple, K.E., Shaw, B.R., and Brossard, D. (2013). Following the leader: Using opinion leaders in environmental strategic communication. *Society & Natural Resources, 26*(12), 1438-1453.

Dalrymple, K.E., Young, R., and Tully, M. (2016). "Facts, not fear": Negotiating uncertainty on social media during the 2014 Ebola crisis. *Science Communication, 38*(4), 442-467.

Davies, T., and Gangadharan, S.P. (Eds.) (2009). *Online Deliberation: Design, Research, and Practice*. Chicago, IL: University of Chicago Press.

Delli Carpini, M.X.D., Cook, F.L., and Jacobs, L.R. (2004). Public deliberation, discursive participation, and citizen engagement: A review of the empirical literature. *Annual Review of Political Science, 7*, 315-344.

Del Vicario, M., Bessib, A. Zollo, F., Petroni, F., Scala, A., Caldarelli, G., Stanley, H.E., and Quattrociocchi, W. (2016). The spreading of misinformation online. *Proceedings of the National Academy of Sciences of the United States of America, 113*(3), 554-559.

Dewey, J. (1927). *The Public and Its Problems*. New York: Henry Holt and Company.

Dieckmann, N.F., Slovic, P., and Peters, E. (2009). The use of narrative evidence and explicit likelihood by decisionmakers varying in numeracy. *Risk Analysis, 29*(10), 1473-1488.

Dieckmann, N.F., Johnson, B.B., Gregory, R., Mayorga, M., Han, P.K., and Slovic, P. (2015). Public perceptions of expert disagreement: Bias and incompetence or a complex and random world?. *Public Understanding of Science* [online].

Dieckmann, N.F., Gregory, R., Peters, E., and Hartman, R. (in press). Seeing what you want to see: How imprecise uncertainty ranges enhance motivated cognition. *Risk Analysis*.

Dierking, L.D., and Falk, J.H. (2016). 2020 Vision: Envisioning a new generation of STEM learning research. *Cultural Studies of Science Education, 11*(1), 1-10.

Dietz, T. (2013a). Bringing values and deliberation to science communication. *Proceedings of the National Academy of Sciences of the United States of America, 110*(Suppl. 3), 14081-14087.

Dietz, T. (2013b). Epistemology, ontology, and the practice of structural human ecology. In T. Dietz and A.K. Jorgenson (Eds.), *Structural Human Ecology: Essays in Risk, Energy, and Sustainability* (pp. 31-52). Pullman, WA: WSU Press.

Dietz, T. (2015). Environmental values. In T. Brosch and D. Sander (Eds.), *Oxford Handbook of Values* (pp. 329-349). Oxford, UK: Oxford University Press.

Dietz, T., and Rycroft, R.W. (1987). *The Risk Professionals*. New York: Russell Sage Foundation.

Dietz, T., Stern, P.C., and Rycroft, R.W. (1989). Definitions of conflict and the legitimation of resources: The case of environmental risk. *Sociological Forum*, *4*(1), 47-70.

Dietz, T., Dan, A., and Shwom, R. (2007). Support for climate change policy: Social psychological and social structural influences. *Rural Sociology*, *72*(2), 185-214.

Ding, D., Maibach, E.W., Zhao, X., Roser-Renouf, C., and Leiserowitz, A. (2011). Support for climate policy and societal action are linked to perceptions about scientific agreement. *Nature Climate Change*, *1*(9), 462-466.

Dixon, G.N., and Clarke, C.E. (2013). Heightening uncertainty around certain science media coverage, false balance, and the autism-vaccine controversy. *Science Communication*, *35*(3), 358-382.

Dobbins, M., Robeson, P., Ciliska, D., Hanna, S., Cameron, R., O'Mara, L., DeCorby, K., and Mercer, S. (2009). A description of a knowledge broker role implemented as part of a randomized controlled trial evaluating three knowledge translation strategies. *Implementation Science*, *4*(1), 1.

Downs, J.S., Murray, P.J., Bruine de Bruin, W., White, J.P., Palmgren, C., and Fischhoff, B. (2004). Interactive video behavioral intervention to reduce adolescent females' STD risk: A randomized controlled trial. *Social Science and Medicine*, *59*(8), 1561-1572.

Downs, J.S., Bruine de Bruin, W., and Fischhoff, B. (2008). Parents' vaccination comprehension and decisions. *Vaccine*, *26*(12), 1595-1607.

Druckman, J.N. (2015). Communicating policy-relevant science. *PS: Political Science & Politics*, *48*(Special Issue 1), 58-69.

Dunlap, R.E., and Jacques, P.J. (2013). Climate change denial books and conservative think tanks: Exploring the connection. *American Behavioral Scientist*, *57*(6), 699-731.

Dunlap, R.E., and McCright, A.M. (2010). Climate change denial: Sources, actors and strategies. In C. Lever-Tracy (Ed.), *Handbook of Climate Change and Society* (pp. 240-259). Abingdon, UK: Routledge.

Dunwoody, S. (2014). Science journalism. In M. Bucchi and B. Trench (Eds.), *Handbook of Public Communication of Science and Technology* (pp. 15-26). New York: Routledge.

Dunwoody, S., Brossard, D., and Dudo, A. (2009). Socialization or rewards? Predicting U.S. scientist-media interactions. *Journalism & Mass Communication Quarterly*, *86*(2), 299-314.

Earle, T.C. (2010). Trust in risk management: A model-based review of empirical research. *Risk Analysis*, *30*(4), 541-574.

Earle, T.C., and Siegrist, M. (2008). On the relation between trust and fairness in environmental risk management. *Risk Analysis*, *28*(5), 1395-1414.

Ellsberg, D. (1961). Risk, ambiguity, and the Savage axioms. *The Quarterly Journal of Economics*, *75*(4), 643-669.

Entwistle, V.A., France, E.F., Wyke, S., Jepson, R., Hunt, K., Ziebland, S., and Thompson, A. (2011). How information about other people's personal experiences can help with healthcare decision-making: A qualitative study. *Patient Education and Counseling*, *85*(3), e291-e298.

Epstein, S. (1995). The construction of lay expertise: AIDS activism and the forging of credibility in the reform of clinical trials. *Science, Technology and Human Values*, *20*(4), 408-437.

Evans, A.T., Peters, E., Strasser, A.A., Emery, L.F., Sheerin, K.M., and Romer, D. (2015). Graphic warning labels elicit affective and thoughtful responses from smokers: Results of a randomized clinical trial. *PLoS One*, *10*(12), e0142879.

Eveland, W.P., and Cooper, K.E. (2013). An integrated model of communication influence on beliefs. *Proceedings of the National Academy of Sciences of the United States of America*, *110*(Suppl. 3), 14088-14095.

Eveland, Jr., W.P., and Scheufele, D.A. (2000). Connecting news media use with gaps in knowledge and participation. *Political Communication*, *17*(3), 215-237.

Eysenbach, G., and Köhler, C. (2002). How do consumers search for and appraise health information on the world wide web? Qualitative study using focus groups, usability tests, and in-depth interviews. *British Medical Journal*, *324*(337), 573-577.

Fahy, D., and Nisbet, M.C. (2011). The science journalist online: Shifting roles and emerging practices. *Journalism*, *12*(7), 778-793.

Farrell, J. (2016). Corporate funding and ideological polarization about climate change. *Proceedings of the National Academy of Sciences of the United States of America*, *113*(1), 92-97.

Farrelly, M.C., Nonnemaker, J., Davis, K.C., and Hussin, A. (2009). The influence of the national truth® campaign on smoking initiation. *American Journal of Preventive Medicine*, *36*(5), 379-384.

Fazio, L.K., Brashier, N.M., Payne, B.K., and Marsh, E.J. (2015). Knowledge does not protect against illusory truth. *Journal of Experimental Psychology: General*, *144*(5), 993.

Festinger, L., and Carlsmith, J.M. (1959). Cognitive consequences of forced compliance. *The Journal of Abnormal and Social Psychology*, *58*(2), 203.

Finucane, M.L., Alhakami, A., Slovic, P., and Johnson, S.M. (2000). The affect heuristic in judgments of risks and benefits. *Journal of Behavioral Decision Making*, *13*(1), 1.

Fischhoff, B. (1995). Risk perception and communication unplugged: Twenty years of process. *Risk Analysis*, *15*(2), 137-145.

Fischhoff, B. (2012). Communicating uncertainty fulfilling the duty to inform. *Issues in Science and Technology*, *28*(4), 63-70.

Fischhoff, B. (2013). The sciences of science communication. *Proceedings of the National Academy of Sciences of the United States of America*, *110*(Suppl. 3), 14033-14039.

Fischhoff, B., and Davis, A. L. (2014). Communicating scientific uncertainty. *Proceedings of the National Academy of Sciences of the United States of America*, *111*(Suppl. 4), 13664-13671.

Fischhoff, B., and Kadvany, J. (2011). *Risk: A Very Short Introduction*. New York: Oxford University Press.

Fischhoff, B., and Scheufele, D.A. (2013). The science of science communication. *Proceedings of the National Academy of Sciences of the United States of America*, *110*(Suppl. 3), 14031-14032.

Fischhoff, B., and Scheufele, D.A. (2014). The science of science communication II. *Proceedings of the National Academy of Sciences of the United States of America*, *111*(Suppl. 4), 13583-13584.

Fiske, S.T., and Dupree, C. (2014). Gaining trust as well as respect in communicating to motivated audiences about science topics. *Proceedings of the National Academy of Sciences of the United States of America*, *111*(Suppl. 4), 13593-13597.

Fiske, S.T., Cuddy, A.J., and Glick, P. (2007). Universal dimensions of social cognition: Warmth and competence. *Trends in Cognitive Sciences*, *11*(2), 77-83.

Fowler, E.F., and Gollust, S.E. (2015). The content and effect of politicized health controversies. *The ANNALS of the American Academy of Political and Social Science*, *658*(1), 155-171.

Flynn, J., Slovic, P., and Mertz, C. K. (1994). Gender, race, and perception of environmental health risks. *Risk Analysis*, *14*(6), 1101-1108.

Frank, K., Chen, I.C., Lee, Y., Kalafatis, S., Chen, T., Lo, Y.J., and Lemos, M.C. (2012). Network location and policy-oriented behavior: An analysis of two-mode networks of coauthored documents concerning climate change in the Great Lakes region. *Policy Studies Journal*, *40*(3), 492-515.

Freimuth, V.S., Quinn, S.C., Thomas, S.B., Cole, G., Zook, E., and Duncan, T. (2001). African Americans' views on research and the Tuskegee Syphilis Study. *Social Science and Medicine*, *52*(5), 797-808.

Freudenburg, W.R., Gramling, R., and Davidson, D.J. (2008). Scientific Certainty Argumentation Methods (SCAMs): Science and the politics of doubt. *Sociological Inquiry*, *78*(1), 2-38. Available: http://sciencepolicy.colorado.edu/students/envs_4800/freudenberg_2008.pdf [November 30, 2016].

Frewer, L.J., and Salter, B. (2007). Societal trust in risk analysis: Implications for the interface of risk assessment and risk management. In M. Siegrist, T.C. Earle, and H. Gutscher (Eds.), *Trust in Cooperative Risk Management: Uncertainty in Scepticism in the Public Mind* (pp. 143-158). Sterling, VA: Earthscan.

Frewer, L.J., Miles, S., Brennan, M., Kuznesof, S., Ness, M., and Ritson, C. (2002). Public preferences for informed choice under conditions of risk uncertainty. *Public Understanding of Science*, *11*(4), 363-372.

Funtowicz, S.O., and Ravetz, J.R. (1992). Three types of risk assessment and the emergence of post-normal science. In S. Krimsky and D. Golding (Eds.), *Social Theories of Risk* (pp. 251-274). Westport, CT: Praeger.

Gallagher, K.M., and Updegraff, J.A. (2012). Health message framing effects on attitudes, intentions, and behavior: A meta-analytic review. *Annals of Behavioral Medicine*, *43*(1), 101-116.

Gaskell, G., Allum, N., Bauer, M., Durant, J., Allansdottir, A., Bonfadelli, H., Boy, D., de Cheveigné, S., Fjaestad, B., Gutteling, J.M., Hampel, J., Jelsøe, E., Jesuino, J.C., Kohring, M., Kronberger, N., Midden, C., Nielsen, T.H., Przestalski, A., Rusanen, T., Sakellaris, G., Torgersen, H., Twardowski, T., and Wagner, W. (2000). Biotechnology and the European public. *Nature Biotechnology*, *18*(9), 935-938.

Gauchat, G. (2011). The cultural authority of science: Public trust and acceptance of organized science. *Public Understanding of Science*, *20*(6), 751-770.

Gauchat, G. (2012). Politicization of science in the public sphere a study of public trust in the United States, 1974 to 2010. *American Sociological Review*, *77*(2), 167-187.

Gelman, A., and Loken, E. (2013). *The Garden of Forking Paths: Why Multiple Comparisons Can Be a Problem, Even When There is No "Fishing Expedition" or "P-Hacking" and the Research Hypothesis was Posited Ahead of Time*. Available: http://www.stat.columbia.edu/~gelman/research/unpublished/p_hacking.pdf [November 30, 2016].

Ginsburg, A., and Smith, M.S. (2016). *Do Randomized Control Trials Meet the "Gold Standard"? A Study of the Usefulness of RCTs in the What Works Clearinghouse*. Washington, DC: American Enterprise Institute.

Glasgow, R.E., and Emmons, K.M. (2007). How can we increase translation of research into practice? Types of evidence needed. *Annual Review of Public Health*, *28*, 413-433.

Goldstein, N.J., Cialdini, R.B., and Griskevicius, V. (2008). A room with a viewpoint: Using social norms to motivate environmental conservation in hotels. *Journal of Consumer Research*, *35*(3), 472-482.

Green, L.A., and Seifert, C.M. (2005). Translation of research into practice: Why we can't "just do it." *The Journal of the American Board of Family Practice*, *18*(6), 541-545.

Groeneveld, P.W., Sonnad, S.S., Lee, A.K., Asch, D.A., and Shea, J.E. (2006). Racial differences in attitudes toward innovative medical technology. *Journal of General Internal Medicine, 21*(6), 559-563.

Gromet, D.M., Kunreuther, H., and Larrick, R.P. (2013). Political ideology affects energy-efficiency attitudes and choices. *Proceedings of the National Academy of Sciences of the United States of America, 110*(23), 9314-9319.

Grunig, J.E., Grunig, L.A., Sriramesh, K., Huang, Y.H., and Lyra, A. (1995). Models of public relations in an international setting. *Journal of Public Relations Research, 7*(3), 163-186.

Ham, B. (2015). *Incoming AAAS CEO Rush Holt Encourages Science Policy Advocacy.* Available: https://www.aaas.org/news/incoming-aaas-ceo-rush-holt-encourages-science-policy-advocacy [November 30, 2016].

Hampton, K.N. Rainie, L., Lu, W., Dwyer, M., Shin, I., and Purcell, K. (2014). *Social Media and the "Spiral of Silence."* Washington, DC: Pew Research Center. Available: http://www.pewinternet.org/2014/08/26/social-media-and-the-spiral-of-silence [November 30, 2016].

Han, P.K., Klein, W.M., Lehman, T., Killam, B., Massett, H., and Freedman, A.N. (2011a). Communication of uncertainty regarding individualized cancer risk estimates effects and influential factors. *Medical Decision Making, 31*(2), 354-366.

Han, P.K., Klein, W.M., and Arora, N.K. (2011b). Varieties of uncertainty in health care a conceptual taxonomy. *Medical Decision Making, 31*(6), 828-838.

Hart, P.S. (2010). One or many? The influence of episodic and thematic climate change frames on policy preferences and individual behavior change. *Science Communication, 33*(1), 28-51.

Hart, P.S. (2013). The role of numeracy in moderating the influence of statistics in climate change messages. *Public Understanding of Science, 22*(7), 785-798.

Hart, P.S., and Nisbet, N.C. (2012). Boomerang effects in science communication: How motivated reasoning and identity cues amplify opinion polarization about climate mitigation policies. *Communication Research, 39*(6), 701-723.

Haustein, S., Peters, I., Sugimoto, C.R., Thelwall, M., and Larivière, V. (2014). Tweeting biomedicine: An analysis of tweets and citations in the biomedical literature. *Journal of the Association for Information Science and Technology, 65*(4), 656-669.

Henry, A.D. (2011). Ideology, power, and the structure of policy networks. *Policy Studies Journal, 39*(3), 361-383.

Henry, A.D., and Dietz, T. (2011). Information, networks, and the complexity of trust in commons governance. *International Journal of the Commons, 5*(2).

Henry, A.D., and Vollan, B. (2014). Networks and the challenge of sustainable development. *Annual Review of Environment and Resources, 39*, 583-610.

Henry, A.D., Lubell, M., and McCoy, M. (2011). Belief systems and social capital as drivers of policy network structure: The case of California regional planning. *Journal of Public Administration Research and Theory, 21*(3), 419-444.

Hine, D.W., Phillips, W.J., Cooksey, R., Reser, J.P., Nunn, P., Marks, A.D., Loi, N.M., and Watt, S.E. (2016). Preaching to different choirs: How to motivate dismissive, uncommitted, and alarmed audiences to adapt to climate change?. *Global Environmental Change, 36*, 1-11.

Hmielowski, J.D., Feldman, L., Myers, T.A., Lieserowitz, A., and Maibach, E. (2014). An attack on science? Media use, trust in scientists, and perception of global warming. *Public Understanding of Science, 23*(7), 866-883.

Ho, S.S., Brossard, D., and Scheufele, D.A. (2008). Effects of value predispositions, mass media use, and knowledge on public attitudes toward embryonic stem cell research. *International Journal of Public Opinion Research, 20*(2), 171-192.

Hon, L.C., and Grunig, J.E. (1999). *Guidelines for Measuring Relationships in Public Relations*. Available: http://www.shape.nato.int/resources/9/conference%202011/guidelines_measuring_relationships[1].pdf [November 30, 2016].

Hornik, R. (2002). Public health communication: Making sense of the contradictory evidence. In R. Hornik (Ed.), *Public Health Communication: Evidence for Behavior Change* (pp. 1-22). Mahwah, NJ: Lawrence Erlbaum Associates.

Hornsey, M.J., Harris, E.A., Bain, P.G., and Fielding, K.S. (2016). Meta-analyses of the determinants and outcomes of belief in climate change. *Nature Climate Change*, *6*, 622-626.

Howell, A.P., Shaw, B.R., and Alvarez, G. (2014). Bait shop owners as opinion leaders: A test of the theory of planned behavior to predict pro-environmental outreach behaviors and intentions. *Environment and Behavior*, *47*(10), 1107-1126.

Hurlstone, M.J., Lewandowsky, S., Newell, B.R., and Sewell, B. (2014). The effect of framing and normative messages in building support for climate policies. *PloS One*, *9*(12), e114335.

Ioannidis, J.P. (2005). Why most published research findings are false. *PLoS Medicine*, *2*(8), e124.

Institute of Medicine. (1994). *Adverse Events Associated with Childhood Vaccines: Evidence Bearing on Causality*. Washington, DC: National Academy Press.

Institute of Medicine. (2002). *Immunization Safety Review: Multiple Immunizations and Immune Dysfunction*. Washington, DC: The National Academies Press.

Institute of Medicine. (2010). *Bridging the Evidence Gap in Obesity Prevention: A Framework to Inform Decision Making*. Washington, DC: The National Academies Press.

Institute of Medicine. (2013). *Environmental Decisions in the Face of Uncertainty*. Washington, DC: The National Academies Press.

Institute of Medicine. (2014). Numeracy and the Affordable Care Act: Opportunities and challenges. In E. Peters, L. Meilleur, and M. K. Tompkins (Eds.), *Health Literacy and Numeracy: Workshop Summary* (Appendix A). Washington, DC: The National Academies Press.

Ioannidis, J.P. (2005). Why most published research findings are false. *PLoS Medicine*, *2*(8), e124.

Ipsos MORI Social Research Institute. (2014). *Public Attitudes to Science*. Available: https://www.ipsos-mori.com/Assets/Docs/Polls/pas-2014-main-report.pdf [November 30, 2016].

Iyengar, S. (1991). *Is Anyone Responsible?: How Television Frames Political Issues*. Chicago, IL: University of Chicago Press.

Iyengar, S. (1996). Framing responsibility for political issues. *Annals of the American Academy of Political and Social Science*, *546*, 59-70.

Iyengar, S., and Kinder, D.R. (1987). *News that Matters: Agenda-Setting and Priming in a Television Age*. Chicago, IL: University of Chicago Press.

Iyengar, S., and McGrady, J. (2007). *Media Politics: A Citizen's Guide*. New York: W.W. Norton & Company.

Jacks, J., and Devine, P.G. (2000). Attitude importance, forewarning of message content, and resistance to persuasion. *Basic and Applied Social Psychology*, *22*(1), 19-29.

Jamieson, K.H., and Hardy, B.W. (2014). Leveraging scientific credibility about Arctic sea ice trends in a polarized political environment. *Proceedings of the National Academy of Sciences of the United States of America*, *111*(Suppl. 4), 13598-13605.

Jasanoff, S., Hurlbut, J.B., and Saha, K. (2015). CRISPR democracy: Gene editing and the need for inclusive deliberation. *Issues in Science and Technology*, *32*(1), 37.

Johnson, B.B., and Slovic, P. (1995). Presenting uncertainty in health risk assessment: Initial studies of its effects on risk perception and trust. *Risk Analysis*, *15*(4), 485-494.

Joslyn, S.L., and LeClerc, J.E. (2012). Uncertainty forecasts improve weather related decisions and attenuate the effects of forecast error. *Journal of Experimental Psychology: Applied*, *18*(1), 126-140.

Joslyn, S., Nemec, L., and Savelli, S. (2013). The benefits and challenges of predictive interval forecasts and verification graphics for end users. *Weather, Climate, and Society*, *5*(2), 133-147.

Kahan, D.M. (2012). Ideology, motivated reasoning, and cognitive reflection: An experimental study. *Judgment and Decision Making*, *8*(4), 407-424.

Kahan, D.M. (2015). Climate-science communication and the measurement problem. *Political Psychology*, *36*(Suppl. 1), 1-43.

Kahan, D.M. (2016). *The Strongest Evidence to Date...: What the van der Linden et al. (2015) Data Actually Show*. Yale Law and Economics Research Paper No. 542. New Haven, CT: Yale University, Yale Law School.

Kahan, D.M., Braman, D., Slovic, P., Gastil, J., and Cohen, G. (2009). Cultural cognition of the risks and benefits of nanotechnology. *Nature Nanotechnology*, *4*(2), 87-90.

Kahan, D.M., Braman, D., Cohen, G.L., Gastil, J., and Slovic, P. (2010). Who fears the HPV vaccine, who doesn't, and why? An experimental study of the mechanisms of cultural cognition. *Law and Human Behavior*, *34*(6), 501-516.

Kahneman, D. (2011). *Thinking, Fast and Slow*. New York: Macmillan Publishers.

Kanouse, D.E., Schlesinger, M., Shaller, D., Martino, S.C., and Rybowski, L. (2016). How patient comments affect consumers' use of physician performance measures. *Medical Care*, *54*, 24-31.

Kaplan, L. (2000). Public participation in nuclear facility decisions: Lessons from Hanford. In D.L. Kleinman (Ed.), *Science, Technology and Democracy* (pp. 67-83). Albany, NY: State University of New York Press.

Kaplan, S., and Garrick, B.J. (1981). On the quantitative definition of risk. *Risk Analysis*, *1*(1), 11-27.

Karpowitz, C.F., Mendelberg, T., and Shaker, L. (2012). Gender inequality in deliberative participation. *American Political Science Review*, *106*(3), 533-547.

Keller, C., Siegrist, M., and Gutscher, H. (2006). The role of the affect and availability heuristics in risk communication. *Risk Analysis*, *26*(3), 631-639.

Keohane, R.O., Lane, M., and Oppenheimer, M. (2014). The ethics of scientific communication under uncertainty. *Politics, Philosophy & Economics*, *13*(4), 343-368.

Kepplinger, H.M. (1992). Artificial horizons: How the press presented and how the population received technology in Germany from 1965-1986. In S. Rothman (Ed.), *The Mass Media in Liberal Democratic Societies* (pp. 147-176). New York: Peragon.

Kepplinger, H.M. (1995). Individual and institutional impacts upon press coverage of sciences: The case of nuclear power and genetic engineering in Germany. In M. Bauer (Ed.), *Resistance to New Technology: Nuclear Power, Information Technology, and Biotechnology* (pp. 357-377). New York: Cambridge University Press.

Kim, S., Scheufele, D.A., and Shanahan, J.E. (2002). Agenda-setting, priming, framing and second-levels in local politics. *Journalism and Mass Communication Quarterly*, *79*(1), 7-25.

Kinchy, A., Jalbert, K., and Lyons, J. (2014). What is volunteer water monitoring good for? Fracking and the plural logics of participatory science. *Political Power and Social Theory*, *27*(2), 259-289.

Kingdon, J.W. (1995). *Agendas, Alternatives, and Public Policies* (2nd Edition). Boston, MA: Little, Brown and Company.

Kothari, A., MacLean, L., Edwards, N., and Hobbs, A. (2011). Indicators at the interface: Managing policymaker-researcher collaboration. *Knowledge Management Research and Practice*, *9*(3), 203-214.

Kotler, P.T., and Keller, K.L. (2015). *Marketing Management* (15th Edition). Uttar Pradesh, India: Pearson India Education Services.
Kraft, P.W., Lodge, M., and Taber, C.S. (2015). Why people "don't trust the evidence" motivated reasoning and scientific beliefs. *The ANNALS of the American Academy of Political and Social Science*, *658*(1), 121-133.
Kümpel, A.S., Karnowski, V., and Keyling, T. (2015). News sharing in social media: A review of current research on news sharing users, content, and networks. *Social Media+ Society*, *1*(2), 2056305115610141.
Ladwig, P., Anderson, A.A., Brossard, D., Scheufele, D.A., and Shaw, B. (2010). Narrowing the nano discourse? *Materials Today*, *13*(5), 52-54.
Lang, J.T., and Hallman, W.K. (2005). Who does the public trust? The case of genetically modified food in the United States. *Risk Analysis*, *25*(5), 1241-1252.
Lavis, J.N. (2006). Research, public policymaking, and knowledge-translation processes: Canadian efforts to build bridges. *Journal of Continuing Education in the Health Professions*, *26*(1), 37-45.
Lazer, D. (2015). The rise of the social algorithm. *Science*, *348*(6239), 1090-1091.
Lazrus, H., Morss, R.E., Demuth, J.L., Lazo, J.K., and Bostrom, A. (2016). "Know what to do if you encounter a flash flood": Mental models analysis for improving flash flood risk communication and public decision making. *Risk Analysis*, *36*(2), 411-427.
LeClerc, J., and Joslyn, S. (2012). Odds ratio forecasts increase precautionary action for extreme weather events. *Weather, Climate, and Society*, *4*(4), 263-270.
Lefebvre, R.C. (2013). *Social Marketing and Social Change: Strategies and Tools for Improving Health, Well-Being, and the Environment*. Hoboken, NJ: John Wiley & Sons.
Leiserowitz, A., Maibach, E., Roser-Renouf, C., and Feinberg, G. (2013). *How Americans Communicate about Global Warming in April 2013*. New Haven, CT: Yale Project on Climate Change Communication. Available: http://environment.yale.edu/climate-communication-OFF/files/Communication-April-2013.pdf [November 30, 2016].
Leiserowitz, A., Maibach, E., Roser-Renouf, C., Feinberg, G., and Rosenthal, S. (2014). *Americans' Actions to Limit Global Warming in November 2013*. New Haven, CT: Yale Project on Climate Change Communication. Available: http://environment.yale.edu/climate-communication-OFF/files/Behavior-November-2013.pdf [November 30, 2016].
Leith, P., Haward, M., Rees, C., and Ogier, E. (2016). Success and evolution of a boundary organization. *Science, Technology and Human Values*, *41*(3), 375-401.
Lemos, M.C., Kirchhoff, C.J., Kalafatis, S.E., Scavia, D., and Rood, R.B. (2014). Moving climate information off the shelf: Boundary chains and the role of RISAs as adaptive organizations. *Weather, Climate, and Society*, *6*(2), 273-285.
Leshner, A.I. (2003). Public engagement with science. *Science*, *299*(5609), 977.
Lewandowsky, S., Ecker, U.K., Seifert, C.M., Schwarz, N., and Cook, J. (2012). Misinformation and its correction continued influence and successful debiasing. *Psychological Science in the Public Interest*, *13*(3), 106-131.
Liang, X., Su, L.Y.F., Yeo, S.K., Scheufele, D.A., Brossard, D., Xenos, M., Nealey, P., and Corley, E.A. (2014). Building buzz (scientists) communicating science in new media environments. *Journalism and Mass Communication Quarterly* [online].
Lodge, M., and Taber, C.S. (2013). *The Rationalizing Voter*. New York: Cambridge University Press.
Löfstedt, R.E. (2003). Science communication and the Swedish acrylamide "alarm." *Journal of Health Communication*, *8*(5), 407-432.
Lord, C.G., Ross, L., and Lepper, M.R. (1979). Biased assimilation and attitude polarization: The effects of prior theories on subsequently considered evidence. *Journal of Personality and Social Psychology*, *37*(11), 2098-2109.

Lubchenco, J. (1998). Entering the century of the environment: A new social contract for science. *Science, 279(5350)*, 491-497.

Lubienski, C., Scott, J.T., and DeBray, E. (2014). The politics of research production, promotion, and utilization in educational policy. *Educational Policy, 28*(2), 131-144.

Lupia, A. (2002). Deliberation disconnected: What it takes to improve civic competence. *Law and Contemporary Problems, 65*(3), 133-150.

Lupia, A. (2013). Communicating science in politicized environments. *Proceedings of the National Academy of Sciences of the United States of America, 110*(Suppl. 3), 14048-14054.

Lupia, A., Krupnikov, Y., and Levine, A.S. (2012). Beyond facts and norms: How psychological transparency threatens and restores deliberation's legitimating potential. *Southern California Law Review, 86*, 459.

Maibach, E.W., Nisbet, M., Baldwin, P., Akerlof, K., and Diao, G. (2010). Reframing climate change as a public health issue: An exploratory study of public reactions. *BMC Public Health, 10*(1), 1.

Maibach, E.W., Leiserowitz, A., Roser-Renouf, C., and Mertz, C.K. (2011). Identifying like-minded audiences for global warming public engagement campaigns: An audience segmentation analysis and tool development. *PLoS One, 6*(3), e17571.

Mares, M.L. (1996). The role of source confusions in television's cultivation of social reality judgments. *Human Communication Research, 23*(2), 278-297.

Markowitz, E.M., Slovic, P., Västfjäll, D., and Hodges, S.D. (2013). Compassion fade and the challenge of environmental conservation. *Judgment and Decision Making, 8*(4), 397-406.

Matei, S., and Ball-Rokeach, S. (2003). The Internet in the communication infrastructure of urban residential communities: Macro- or mesolinkage? *Journal of Communication, 53*(4), 642-657.

McComas, K.A., and Besley, J.C. (2011). Fairness and nanotechnology concern. *Risk Analysis, 31*(11), 1749-1761.

McComas, K., and Shanahan, J. (1999). Telling stories about global climate change measuring the impact of narratives on issue cycles. *Communication Research, 26*(1), 30-57.

McComas, K.A., Tuite, L.S., Waks, L., and Sherman, L.A. (2007). Predicting satisfaction and outcome acceptance with advisory committee meetings: The role of procedural justice. *Journal of Applied Social Psychology, 37*(5), 905-927.

McCombs, M. (2004). *Setting the Agenda: The Mass Media and Public Opinion*. Cambridge, UK: Polity Press.

McCright, A.M. (2000). Challenging global warming as a social problem: An analysis of the conservative movement's counter-claims. *Social Problems, 47*(4), 499-522.

McCright, A.M., and Dunlap, R.E. (2003). Defeating Kyoto: The conservative movement's impact on U.S. climate change policy. *Social Problems, 50*(3), 348-373.

McCright, A.M., and Dunlap, R.E. (2010). Anti-reflexivity the American conservative movement's success in undermining climate science and policy. *Theory, Culture & Society, 27*(2-3), 100-133.

McCright, A.M., Dunlap, R.E., and Xiao, C. (2013a). Perceived scientific agreement and support for government action on climate change in the USA. *Climatic Change, 119*(2).

McCright, A.M., Dentzman, K., Charters, M., and Dietz, T. (2013b). The influence of political ideology on trust in science. *Environmental Research Letters, 8*(4).

McCright, A.M., Charters, M., Dentzman, K., and Dietz, T. (2015). Examining the effectiveness of climate change frames in the face of a climate change denial counterframe. *Topics in Cognitive Science, 81*(1).

McCright, A.M., Marquart-Pyatt, S M., Shwom, R.L., Brechin, S.R., and Allen, S. (2016). Ideology, capitalism, and climate: Explaining public views about climate change in the United States. *Energy Research and Social Science, 21*, 180-189.

McCuin, J.L., Hayhoe, K., and Hayhoe, D. (2014). Comparing the effects of traditional vs. misconceptions-based instruction on student understanding of the greenhouse effect. *Journal of Geoscience Education*, *62*(3), 445-459.

McFadden, B.R., and Lusk, J.L. (2016). What consumers don't know about genetically modified food, and how that affects beliefs. *The FASEB Journal*, *30*(9), 3091-3096.

McKeever, B.W., McKeever, R., Holton, A.E., and Li, J.Y. (2016). Silent majority: Childhood vaccinations and antecedents to communicative action. *Mass Communication and Society*, *19*(4), 1-23.

Mendelberg, T., Karpowitz, C.F., and Oliphant, J.B. (2014). Gender inequality in deliberation: Unpacking the black box of interaction. *Perspectives on Politics*, *12*(1), 18-44.

Merkle, D.M. (1996). The polls—review: The national issues convention deliberative poll. *Public Opinion Quarterly*, *60*(4), 588-619.

Michaels, D.M. (2006). Manufactured uncertainty: Protecting public health in the age of contested science and product defense. *Annals of the New York Academy of Sciences*, *1076*(1), 149-162.

Michaels, D.M. (2008). *Doubt Is Their Product: How Industry's Assault on Science Threatens Your Health*. New York: Oxford University Press.

Michaels, D.M., and Monforton, C. (2005). Manufacturing uncertainty: Contested science and the protection of the public's health and environment. *American Journal of Public Health*, *95*(Suppl. 1), S39-S48.

Milkman, K.L., and Berger, J. (2014). The science of sharing and the sharing of science. *Proceedings of the National Academy of Sciences of the United States of America*, *111*(Suppl. 4), 13642-13649.

Miller, J.D., Pardo, R., and Niwa, F. (1997). *Public Perceptions of Science and Technology: A Comparative Study of the European Union, the United Status, Japan, and Canada*. Chicago, IL: Chicago Academy of Sciences.

Mitchell, A., Gottfried, J., Barthel, M., and Shearer, E. (2016). *The Modern News Consumer: News Attitudes and Practices in the Digital Era*. Washington, DC: Pew Research Center. Available: http:// http://www.journalism.org/2016/07/07/the-modern-news-consumer/ [November 30, 2016].

Mnookin, S. (2012). *The Panic Virus: The True Story Behind the Vaccine-Autism Controversy*. New York: Simon and Schuster.

Morgan, M.G., Cantor, R., Clark, W.C., Fisher, A., Jacoby, H.D., Janetos, A.C., Kinzig, A.P. Melillo, J., Street, R.B., and Wilbanks, T. (2005). Learning from the U.S. National Assessment of Climate Change Impacts. *Environmental Science and Technology*, *39*(23), 9023-9032.

Morrison, S. (2013). Hard numbers: Weird science. *Columbia Journalism Review*. Available: http://www.cjr.org/currents/hard_numbers_jf2013.php [November 30, 2016].

Morss, R.E., Demuth, J.L., Bostrom, A., Lazo, J.K., and Lazrus, H. (2015). Flash flood risks and warning decisions: A mental models study of forecasters, public officials, and media broadcasters in Boulder, Colorado. *Risk Analysis*, *35*(11), 2009-2028.

Moser, S.C. (2014). Communicating adaptation to climate change: The art and science of public engagement when climate change comes home. *Wiley Interdisciplinary Reviews: Climate Change*, *5*(3), 337-358.

Munro, G.D., and Ditto, P.H. (1997). Biased assimilation, attitude polarization, and affect in reactions to stereotype-relevant scientific information. *Personality and Social Psychology Bulletin*, *23*(6), 636-653.

Munro, G.D., Ditto, P.H., Lockhart, L.K., Fagerlin, A., Gready, M., and Peterson, E. (2002). Biased assimilation of sociopolitical arguments: Evaluating the 1996 U.S. presidential debate. *Basic and Applied Social Psychology*, *24*(1), 15-26.

Myers, T.A., Maibach, E., Peters, E., and Leiserowitz, A. (2015). Simple messages help set the record straight about scientific agreement on human-caused climate change: The results of two experiments. *PLoS One*, *10*(3), e0120985.

Nan, X., Dahlstrom, M.F., Richards, A., and Rangarajan, S. (2015). Influence of evidence type and narrative type on HPV risk perception and intention to obtain the HPV vaccine. *Health Communication*, *30*(3), 301-308.

National Academy of Sciences. (2014). *The Science of Science Communication II: Summary of a Colloquium*. Washington, DC: The National Academies Press.

National Academies of Sciences, Engineering, and Medicine. (2016a). *Effective Chemistry Communication in Informal Environments*. Division on Earth and Life Studies, Division of Behavioral and Social Sciences and Education, Board on Chemical Sciences and Technology, Board on Science Education, Committee on Communicating Chemistry in Informal Settings. Washington, DC: The National Academies Press.

National Academies of Sciences, Engineering, and Medicine. (2016b). *Gene Drives on the Horizon: Advancing Science, Navigating Uncertainty, and Aligning Research with Public Values*. Committee on Gene Drive Research in Non-Human Organisms: Recommendations for Responsible Conduct, Board on Life Sciences, Division on Earth and Life Studies. Washington, DC: The National Academies Press.

National Academies of Sciences, Engineering, and Medicine. (2016c). *Science Literacy: Concepts, Contexts, and Consequences*. C.E. Snow and K.A. Dibner (Eds.), Committee on Science Literacy and Public Perception of Science, Board on Science Education, Division of Behavioral and Social Sciences and Education. Washington, DC: The National Academies Press.

National Research Council. (1996). *Understanding Risk: Informing Decisions in a Democratic Society*. P.C. Stern and H.V. Fineberg (Eds.), Committee on Risk Characterization, Board on Environmental Change and Society, Division of Behavioral and Social Sciences and Education. Washington, DC: National Academy Press.

National Research Council. (2006). *Completing the Forecast: Characterizing and Communicating Uncertainty for Better Decisions Using Weather and Climate Forecasts*. Division on Earth and Life Studies, Board on Atmospheric Sciences and Climate, Committee on Estimating and Communicating Uncertainty in Weather and Climate Forecasts. Washington, DC: The National Academies Press.

National Research Council. (2007). *Analysis of Global Change Assessments: Lessons Learned*. Committee on Analysis of Global Change Assessments, Board on Atmospheric Sciences and Climate, Division on Earth and Life Studies. Washington, DC: The National Academies Press.

National Research Council. (2008). *Public Participation in Environmental Assessment and Decision Making*. Panel on Public Participation in Environmental Assessment and Decision Making, T. Dietz and P.C. Stern (Eds.), Committee on the Human Dimensions of Global Change, Division of Behavioral and Social Sciences and Education. Washington, DC: The National Academies Press.

National Research Council. (2009). *Learning Science in Informal Environments: People, Places, and Pursuits*. P. Bell, B. Lewenstein, A.W. Shouse, and M.A. Feder (Eds.), Division of Behavioral and Social Sciences and Education, Board on Science Education, Center for Education, Committee on Learning Science in Informal Environments. Washington, DC: The National Academies Press.

National Research Council. (2012). *Using Science as Evidence in Public Policy*. K. Prewitt, T.A. Schwandt, and M.L. Straf (Eds.), Committee on the Use of Social Science Knowledge in Public Policy, Division of Behavioral and Social Sciences and Education. Washington, DC: The National Academies Press.

National Research Council. (2014). *Review of EPA's Integrated Risk Information System (IRIS) Process*. Committee to Review the IRIS Process, Board on Environmental Studies and Toxicology, Division on Earth and Life Studies. Washington, DC: The National Academies Press.

National Science Board. (2014). Chapter 7: Science and technology: Public attitudes and public understanding. *Science and Engineering Indicators 2014*. Arlington, VA: National Science Foundation.

National Science Board. (2016a). Chapter 7: Science and technology: Public attitudes and understanding. *Science and Engineering Indicators 2016*. Arlington, VA: National Science Foundation. Available: https://www.nsf.gov/statistics/2016/nsb20161/uploads/1/10/chapter-7.pdf [November 8, 2016].

National Science Board. (2016b). *Science and Engineering Indicators 2016*. NSB-2016-1. Arlington, VA: National Science Foundation.

National Science Foundation. (2015). *Social, Behavioral, and Economic Sciences Perspectives on Robust and Reliable Science*. Report of the Subcommittee on Replicability in Science Advisory Committee to the National Science Foundation Directorate for Social, Behavioral, and Economic Sciences. Arlington, VA: National Science Foundation.

Neeley, E., Goldman, E., Smith, B., Baron, B., and Sunu, S. (2015). *GRADSCICOMM Report and Recommendations: Mapping the Pathways to Integrate Science Communication Training into STEM Graduate Education*. Available: http://compassblogs.org/gradscicomm [November 30, 2106].

Nelkin, D. (1992). *Controversy: Politics of Technical Decisions*. Newbury Park, CA: SAGE Publications.

Nelkin, D. (1996). An uneasy relationship: The tensions between medicine and the media. *Lancet, 347*, 1600-1603.

Nickerson, R.S. (1999). How we know—and sometimes misjudge—what others know: Imputing one's own knowledge to others. *Psychological Bulletin*, *125*(6), 737.

Niebert, K., and Gropengießer, H. (2014). Understanding the greenhouse effect by embodiment—analysing and using students' and scientists' conceptual resources. *International Journal of Science Education*, *36*(2), 277-303.

Niederdeppe, J., Shapiro, M.A., Kim, H.K., Bartolo, D., and Porticella, N. (2014). Narrative persuasion, causality, complex integration, and support for obesity policy. *Health Communication*, *29*(5), 431-444.

Nisbet, M.C. (2005). The competition for worldviews: Values, information, and public support for stem cell research. *International Journal of Public Opinion Research*, *17*(1), 90-112.

Nisbet, M.C. (2011). Public opinion and participation. In J.S. Dryzek, R.B. Norgaard, and D. Schlosberg (Eds.), *The Oxford Handbook of Climate Change and Society* (p. 355). New York: Oxford University Press.

Nisbet, M.C. (2014). Engaging the public in science policy controversies: Insights from the U.S. climate change debate. In M. Bucchi and B. Trench (Eds.), *Handbook of Public Communication of Science and Technology* (2nd Edition) (pp. 173-185). New York: Routledge.

Nisbet, M.C., and Feldman, L. (2011). The social psychology of political communication. In D. Hook, B. Franks, and M. Bauer (Eds.), *The Social Psychology of Communication* (pp. 284-299). London, UK: Palgrave Macmillan.

Nisbet, M.C., and Huge, M. (2006). Attention cycles and frames in the plant biotechnology debate managing power and participation through the press/policy connection. *The Harvard International Journal of Press/Politics*, *11*(2), 3-40.

Nisbet, M.C., and Huge, M. (2007). Where do science debates come from? Understanding attention cycles and framing. In D. Brossard, J. Shanahan, and T. C. Nesbitt (Eds.), *The Media, the Public and Agricultural Biotechnology* (pp. 193-230). Wallingford, UK: CAB International.

Nisbet, M.C., and Kotcher, J.E. (2009). A two-step flow of influence? Opinion-leader campaigns on climate change. *Science Communication, 30*(3), 328-354.

Nisbet, M.C., and Markowitz, E. (2016). *Science Communication Research: Bridging Theory and Practice*. Washington, DC: American Association for the Advancement of Science.

Nisbet, M.C., and Scheufele, D.A. (2009). What's next for science communication? Promising directions and lingering distractions. *American Journal of Botany*, *96*(10), 1767-1778.

Nisbet, M.C., Scheufele, D.A., Shanahan, J., Moy, P. Brossard, D., and Lewenstein, B. V. (2002). Knowledge, reservations, or promise? A media effects model for public perceptions of science and technology. *Communication Research*, *29*(5), 584-608.

Nisbet, M.C., Brossard, D., and Kroepsch, A. (2003). Framing science the stem cell controversy in an age of press/politics. *The International Journal of Press/Politics*, *8*(2), 36-70.

Nisbet, E.C., Hart, P.S., Myers, T., and Ellithorpe, M. (2013). Attitude change in competitive framing environments? Open-/closed-mindedness, framing effects, and climate change. *Journal of Communication*, *63*(4), 766-785.

Nisbet, E.C., Cooper, K.E., and Garrett, R.K. (2015). The partisan brain how dissonant science messages lead conservatives and liberals to (dis) trust science. *The ANNALS of the American Academy of Political and Social Science*, *658*(1), 36-66.

Noel, H., and Nyhan, B. (2011). The "unfriending" problem: The consequences of homophily in friendship retention for causal estimates of social influence. *Social Networks*, *33*(3), 211-218.

Noelle-Neumann, E. (1993). *The Spiral of Silence: Public Opinion, Our Social Skin* (2nd Edition). Chicago, IL: University of Chicago Press.

Nyhan, B., Reifler, J., and Ubel, P.A. (2013). The hazards of correcting myths about health care reform. *Medical Care*, *51*(2), 127-132.

Nyhan, B., Reifler, J., Richey, S., and Freed, G.L. (2014). Effective messages in vaccine promotion: A randomized trial. *Pediatrics*, *133*(4), e835-e842.

O'Keefe, D.J., and Jensen, J.D. (2007). The relative persuasiveness of gain-framed loss-framed messages for encouraging disease prevention behaviors: A meta-analytic review. *Journal of Health Communication*, *12*(7), 623-644.

O'Keefe, D.J., and Nan, X. (2012). The relative persuasiveness of gain-and loss-framed messages for promoting vaccination: A meta-analytic review. *Health Communication*, *27*(8), 776-783.

Open Science Collaboration. (2015). Estimating the reproducibility of psychological science. *Science*, *349*(6251).

Oreskes, N., and Conway, E.M. (2011). *Merchants of Doubt: How a Handful of Scientists Obscured the Truth on Issues from Tobacco Smoke to Global Warming*. New York: Bloomsbury Publishing USA.

Oskamp, S., and Schultz, P.W. (2005). *Attitudes and Opinions*. Hillsdale, NJ: Lawrence Erlbaum Associates.

Pariser, E. (2012). *The Filter Bubble: How the New Personalized Web Is Changing What We Read and How We Think*. New York: Penguin Books.

Patterson, T.E. (1994). *Out of Order: An Incisive and Boldly Original Critique of the News Media's Domination of America's Political Process*. New York: Vintage.

Payne, C.R, Shwom, R., and Heaton, S. (2015). Public participation and norm formation for risky technology: Adaptive governance of solar-radiation management. *Climate Law*, *5*(2-4):210-251.

Pearson, A.R., and Schuldt, J.P. (2015). Bridging climate communication divides beyond the partisan gap. *Science Communication*, *37*(6), 805-812.

Peters, J.W. (2010). At Yahoo, using searches to steer news coverage. *The New York Times*, July 5. p. B1. Available: http://www.nytimes.com/2010/07/05/business/media/05yahoo.html [November 30, 2016].

Peters, E. (2012a). Beyond comprehension: The role of numeracy in judgments and decisions. *Current Directions in Psychological Science*, *21*(1), 31-35.

Peters, H.P. (2012b). Scientific sources and the mass media: Forms and consequences of medialization. In *The Sciences' Media Connection–Public Communication and its Repercussions* (pp. 217-239). Dordrecht, The Netherlands: Springer.

Peters, H.P. (2013). Gap between science and media revisited: Scientists as public communicators. *Proceedings of the National Academy of Sciences of the United States of America*, *110*(Suppl. 3), 14102-14109.

Peters, R.G., Covello, V.T., and McCallum, D.B. (1997). The determinants of trust and credibility in environmental risk communication: An empirical study. *Risk Analysis*, *17*(1), 43-54.

Peters, E., Lipkus, I., and Diefenbach, M.A. (2006). The functions of affect in health communications and in the construction of health preferences. *Journal of Communication*, *56*(Suppl. 1), S140-S162.

Peters, E., Dieckmann, N., Dixon, A., Hibbard, J.H., and Mertz, C.K. (2007). Less is more in presenting quality information to consumers. *Medical Care Research and Review*, *64*(2), 169-190.

Peters, E., Hart, P.S., Tusler, M., and Fraenkel, L. (2014). Numbers matter to informed patient choices a randomized design across age and numeracy levels. *Medical Decision Making*, *34*(4), 430-442.

Pew Research Center. (2009a). *Public Praises Science; Scientists Fault Public, Media. Scientific Achievements Less Prominent Than a Decade Ago*. Available: http://www.people-press.org/2009/07/09/public-praises-science-scientists-fault-public-media [November 8, 2016].

Pew Research Center. (2009b). *Growing Interest in Swine Flu, Many See Press Overstating Its Danger*. Available: http://www.people-press.org/2009/10/15/growing-interest-in-swine-flu-many-see-press-overstating-its-danger [November 30, 2016].

Pew Research Center. (2014). *Ebola Worries Rise, But Most Are "Fairly" Confident in Government, Hospitals to Deal with Disease*. Available: http://www.people-press.org/2014/10/21/ebola-worries-rise-but-most-are-fairly-confident-in-government-hospitals-to-deal-with-disease/ [November 30, 2016].

Pew Research Center. (2015a). *Public and Scientists' Views on Science and Society*. Available: http://www.pewinternet.org/2015/01/29/public-and-scientists-views-on-science-and-society [November 30, 2016].

Pew Research Center. (2015b). *Religion and Science*. Available: http://www.pewinternet.org/2015/10/22/science-and-religion [November 30, 2016].

Pew Research Center. (2016a). *State of the News Media 2016*. Available: http://www.journalism.org/2016/06/15/newspapers-fact-sheet [November 30, 2016].

Pew Research Center. (2016b). *The Politics of Climate*. Available: http://www.pewinternet.org/2016/10/04/the-politics-of-climate [November 30, 2016].

Pielke Jr., R.A. (2007). *The Honest Broker: Making Sense of Science in Policy and Politics*. Cambridge, UK: Cambridge University Press.

Politi, M.C., Han, P.K., and Col, N.F. (2007). Communicating the uncertainty of harms and benefits of medical interventions. *Medical Decision Making*, *27*(5), 681-695.

Politi, M.C., Clark, M.A., Ombao, H., Dizon, D., and Elwyn, G. (2011). Communicating uncertainty can lead to less decision satisfaction: A necessary cost of involving patients in shared decision making?. *Health Expectations*, *14*(1), 84-91.

Rabinovich, A., and Morton, T.A. (2012). Unquestioned answers or unanswered questions: Beliefs about science guide responses to uncertainty in climate change risk communication. *Risk Analysis*, *32*(6), 992-1002.

Rahn, W.M., and Transue, J.E. (1998). Social trust and value change: The decline of social capital in American youth, 1976-1995. *Political Psychology*, *19*(3), 545-565.

Ranney, M.A., Clark, D., Reinholz, D.L., and Cohen, S. (2012). Changing global warming beliefs with scientific information: Knowledge, attitudes, and RTMD (Reinforced Theistic Manifest Destiny theory). In *Proceedings of the 34th Annual Meeting of the Cognitive Science Society* (pp. 2228-2233). Austin, TX: Cognitive Science Society.

Ratner, R.K., and Riis, J. (2014). Communicating science-based recommendations with memorable and actionable guidelines. *Proceedings of the National Academy of Sciences of the United States of America*, *111*(Suppl. 4), 13634-13641.

Renn, O. (2008). *Risk Governance: Coping with Uncertainty in a Complex World*. London, UK: Earthscan.

Renn, O., and Levine, D. (1991). Credibility and trust in risk communication. In *Communicating Risks to the Public* (pp. 175-217). Dordrecht, The Netherlands: Springer.

Reyna, V.F., and Brainerd, C.J. (1991). Fuzzy trace theory and framing effects in choice: Gist extraction, truncation, and conversion. *Journal of Behavioral Decision Making*, *4*(4), 249-262.

Reyna, V.F., Nelson, W.L., Han, P.K., and Dieckmann, N.F. (2009). How numeracy influences risk comprehension and medical decision making. *Psychological Bulletin*, *135*(6), 943-973.

Rice, R.E., and Foote, D.R. (2001). *Public Communication Campaigns*. Thousand Oaks, CA: SAGE Publications.

Roduta-Roberts, M., Reid, G., Schroeder, M., and Norris, S.P. (2011). Causal or spurious? The relationship of knowledge and attitudes to trust in science and technology. *Public Understanding of Science*, *22*(5), 624-641.

Rogers, E.M., Dearing, J.W., and Chang, S. (1991). AIDS in the 1980s: The agenda-setting process for a public issue. *Journalism and Communication Monographs*, *126*.

Rosa, E.A. (1998). Metatheoretical foundations for post-normal risk. *Journal of Risk Research*, *1*(1), 15-44.

Rosa, E.A., Tuler, S.P., Fischhoff, B., Webler, T., Friedman, S.M., Sclove, R.E., Shrader-Frechette, K., English, M.R., Kasperson, R.E., Goble, R.L., Leschine, T.M., Freudenburg, W., Chess, C., Perrow, C., Erikson, K., and Short, J.F. (2010). Nuclear waste: Knowledge waste?. *Science*, *329*(5993), 762-763.

Rosa, E.A., Renn, O., and McCright, A. (2013). *The Risk Society Revisited*. Philadelphia, PA: Temple University Press.

Roser-Renouf, C., Maibach, E.W., Leiserowitz, A., and Zhao, X. (2014). The genesis of climate change activism: From key beliefs to political action. *Climatic Change*, *125*(2), 163-178.

Rothman, A.J., and Salovey, P. (1997). Shaping perceptions to motivate healthy behavior: The role of message framing. *Psychological Bulletin*, *121*(1), 3.

Rowland, F.S. (1993). President's lecture: The need for scientific communication with the public. *Science*, *260*(5114), 1571-1576.

Runge, K.K., Yeo, S.K., Cacciatore, M., Scheufele, D.A., Brossard, D., Xenos, M., Anderson, A., Choi, D.-H., Kim, J., Li, N., Liang, X., Stubbings, M., and Su, L.Y.-F. (2013). Tweeting nano: How public discourses about nanotechnology develop in social media environments. *Journal of Nanoparticle Research*, *15*(1), 1-11.

Ryan, C.L., and Bauman, K. (2016). *Educational Attainment in the United States: 2015*. Available: https://www.census.gov/content/dam/Census/library/publications/2016/demo/p20-578.pdf [November 30, 2016].

Sarewitz, D. (2015). Science can't solve it. *Nature, 522*(7557), 413-414.
Satterfield, T.A., Mertz, C.K., and Slovic, P. (2004). Discrimination, vulnerability, and justice in the face of risk. *Risk Analysis*, *24*(1), 115-129.
Savelli, S., and Joslyn, S. (2013). The advantages of predictive interval forecasts for non-expert users and the impact of visualizations. *Applied Cognitive Psychology*, *27*(4), 527-541.
Scheufele, D.A. (1999). Framing as a theory of media effects. *Journal of Communication*, *49*(1), 103-122.
Scheufele, D.A. (2000). Agenda-setting, priming, and framing revisited: Another look at cognitive effects of political communication. *Mass Communication and Society*, *3*(2-3), 297-316.
Scheufele, D.A. (2007). Nano does not have a marketing problem...yet. *Nano Today, 2*(5), 48.
Scheufele, D.A. (2012). *Modern Citizenship or Policy Dead End? Evaluating the Need for Public Participation in Science Policy Making, and Why Public Meetings May Not Be the Answer*. Politics and Public Policy Research Paper Series #R-34. Available: http://shorensteincenter.org/wp-content/uploads/2012/03/r34_scheufele.pdf [November 30, 2016].
Scheufele, D.A. (2013). Communicating science in social settings. *Proceedings of the National Academy of Sciences of the United States of America, 111*(Suppl. 3), 14040-14047.
Scheufele, D.A. (2014). Science communication as political communication. *Proceedings of the National Academy of Sciences of the United States of America, 111*(Suppl. 4), 13585-13592.
Scheufele, D.A., and Lewenstein, B.V. (2005). The public and nanotechnology: How citizens make sense of emerging technologies. *Journal of Nanoparticle Research*, *7*(6), 659-667.
Scheufele, D.A., and Nisbet, M.C. (2002). Being a citizen online new opportunities and dead ends. *The Harvard International Journal of Press/Politics*, *7*(3), 55-75.
Scheufele, D.A., and Nisbet, M.C. (2012). Commentary: Online news and the demise of political disagreement. In C.T. Salmon (Ed.), *Communication Yearbook* (pp. 36-45). Newbury Park, CA: Sage.
Scheufele, B.T., and Scheufele, D.A. (2010). Of spreading activation, applicability, and schemas. In P. D'Angelo and J.A. Kuypers (Eds.), *Doing News Framing Analysis: Empirical and Theoretical Perspectives* (pp. 110-134). New York: Routledge.
Scheufele, D.A., Corley, E.A., Shih, T.-J., Dalrymple, K.E., and Ho, S.S. (2009). Religious beliefs and public attitudes to nanotechnology in Europe and the U.S. *Nature Nanotechnology, 4*(2), 91-94.
Schuldt, J.P., and Pearson, A.R. (2016). The role of race and ethnicity in climate change polarization: Evidence from a U.S. national survey experiment. *Climatic Change*, *136*(3-4), 495-505.
Schultz, P.W., Nolan, J.M., Cialdini, R.B., Goldstein, N.J., and Griskevicius, V. (2007). The constructive, destructive, and reconstructive power of social norms. *Psychological Science*, *18*(5), 429-434.
Segev, E., and Baram-Tsabari, A. (2010). Seeking science information online: Data mining Google to better understand the roles of the media and the education system. *Public Understanding of Science, 21*(7), 813-829.
Shafer, M.S. (2012). Online communication on climate change and climate politics: A literature review. *WIREs: Climate Change*, *3*(6), 527-543.
Shaffer V.A., and Zikmund-Fisher, B. (2012). All stories are not alike: Purpose-, content-, and valence-based taxonomy of patient narratives in decision aids. *Medical Decision Making, 33*(1), 4-13.
Shalizi, C.R., and Thomas, A.C. (2011). Homophily and contagion are generically confounded in observational social network studies. *Sociological Methods and Research*, *40*(2), 211-239.

Sherif, M. (Ed.). (1967). *Social Interaction: Process and Products*. New Brunswick, NJ: Transaction Publishers.

Shrum, L.J. (2007). Social cognition and cultivation. In D.R. Roskos-Ewoldsen and J.L. Monahan (Eds.), *Communication and Social Cognition: Theories and Methods* (pp. 245-272). Mahwah, NJ: Lawrence Erlbaum Associates.

Siegrist, M., Cvetkovich, G., and Roth, C. (2000). Salient value similarity, social trust, and risk/benefit perception. *Risk Analysis, 20*(3), 353-362.

Sinayev, A., and Peters, E. (2015). The impact of cognitive reflection versus calculation in decision making. *Frontiers in Psychology*, *6*, 532.

Sinayev, A., Peters, E., Tusler, M., and Fraenkel, L. (2015). Presenting numeric information with percentages and descriptive risk labels: A randomized trial. *Medical Decision Making*, *35*(8), 937-947.

Singhal, A., and Rogers, E. (2012). *Entertainment-Education: A Communication Strategy for Social Change*. New York: Routledge.

Skurnik, I., Yoon, C., Park, D.C., and Schwarz, N. (2005). How warnings about false claims become recommendations. *Journal of Consumer Research*, *31*(4), 713-724.

Slater, M.D. (1996). Theory and method in health audience segmentation. *Journal of Health Communication*, *1*(3), 267-284.

Slater, M.D., Hayes, A.F., Reineke, J.B., Long, M., and Bettinghaus, E.P. (2009). Newspaper coverage of cancer prevention: Multilevel evidence for knowledge-gap effects. *Journal of Communication*, *59*(3), 514-533.

Slavin, R.E. (2006). Translating research into widespread practice: The case of success for all. In M.A. Constas and R.J. Sternberg (Eds.), *Translating Theory and Research into Educational Practice: Developments in Content Domains, Large Scale Reform, and Intellectual Capacity* (pp. 113-126). New York: Routledge.

Slimak, M.W., and Dietz, T. (2006). Personal values, beliefs and ecological risk perception. *Risk Analysis*, *26*(6), 1689-1705.

Slovic, P. (1987). Perception of risk. *Science 236*(4799), 280-285.

Slovic, P. (1999). Trust, emotion, and sex. *Risk Analysis, 19*(4), 689-701.

Slovic, P. (2000). *The Perception of Risk*. London, UK: Earthscan.

Slovic, P. (2016). Understanding perceived risk: 1978-2015. *Environment: Science and Policy for Sustainable Development*, *58*(1), 25-29.

Slovic, P., Finucane, M.L., Peters, E., and MacGregor, D.G. (2004). Risk as analysis and risk as feelings: Some thoughts about affect, reason, risk, and rationality. *Risk Analysis*, *24*(2), 311-322.

Soll, J., Keeney, R., and Larrick, R. (2012). Consumer misunderstanding of credit card use, payments. *Journal of Public Policy and Marketing, 32*(1), 66-81.

Spartz, J.T., Rickenbach, M., and Shaw, B.R. (2015a). Public perceptions of bioenergy and land use change: Comparing narrative frames of agriculture and forestry. *Biomass and Bioenergy*, *75*, 1-10.

Spartz, J.T., Su, L.Y.F., Griffin, R., Brossard, D., and Dunwoody, S. (2015b). YouTube, social norms and perceived salience of climate change in the American mind. *Environmental Communication*, 1-16.

Spence, A., and Pidgeon, N. (2010). Framing and communicating climate change: The effects of distance and outcome frame manipulations. *Global Environmental Change*, *20*(4), 656-667.

Spiegelhalter, D., Pearson, M., and Short, I. (2011). Visualizing uncertainty about the future. *Science*, *333*(6048), 1393-1400.

Steg, L., and de Groot, J.I.M. (2012). Environmental values. In S. Clayton (Ed.), *The Oxford Handbook of Environmental and Conservation Psychology* (pp. 81-92). New York: Oxford University Press.

Stephens, E.M., Edwards, T.L., and Demeritt, D. (2012). Communicating probabilistic information from climate model ensembles—lessons from numerical weather prediction. *Wiley Interdisciplinary Reviews: Climate Change*, *3*(5), 409-426.

Stewart, D.W. (Ed.). (2014). *The Handbook of Persuasion and Social Marketing*. Santa Barbara, CA: ABC-CLIO, LLC.

Sturgis, P., and Allum, N. (2004). Science in society: Re-evaluating the deficit model of public attitudes. *Public Understanding of Science*, *13*(1), 55-74.

Su, L.Y.F., Cacciatore, M.A., Scheufele, D.A., Brossard, D., and Xenos, M.A. (2014). Inequalities in scientific understanding differentiating between factual and perceived knowledge gaps. *Science Communication*, *36*(3), 352-378.

Su, L.Y.F., Akin, H., Brossard, D., Scheufele, D.A., and Xenos, M.A. (2015). Science news consumption patterns and their implications for public understanding of science. *Journalism and Mass Communication Quarterly* [online].

Su, L.Y.F., Cacciatore, M.A., Liang, X., Brossard, D., Scheufele, D.A., and Xenos, M.A. (2016). Analyzing public sentiments online: Combining human-and computer-based content analysis. *Information, Communication and Society*, *20*(3), 1-22.

Suhay, E., and Druckman, J.N. (2015). The politics of science political values and the production, communication, and reception of scientific knowledge. *The ANNALS of the American Academy of Political and Social Science*, *658*(1), 6-15.

Sullivan, T.M., McPartland, T., and Fisher, B.S. (2013). *Guidelines for Successful Researcher Practitioner Partnerships in the Criminal Justice System: Findings from the Researcher-Practitioner Partnerships Study (RPPS)*. Available: https://www.ncjrs.gov/pdffiles1/nij/grants/243918.pdf [November 30, 2016].

Sunstein, C.R. (2009). *Republic.com 2.0*. Princeton, NJ: Princeton University Press.

Taylor, A.L., Dessai, S., and Bruine de Bruin, W. (2015). Communicating uncertainty in seasonal and interannual climate forecasts in Europe. *Philosophical Transactions of the Royal Society A*, *373*(2055), 1-16.

Teigen, K.H., and Brun, W. (2003). Verbal probabilities: A question of frame?. *Journal of Behavioral Decision Making*, *16*(1), 53-72.

Teigen, K.H. (2014). Psychology: When very likely is not so likely. *Nature Climate Change*, *4*(6), 421-422.

Tichenor, P.J., Donohue, G.A., and Olien, C.N. (1970). Mass media flow and differential growth in knowledge. *Public Opinion Quarterly*, *34*(2), 159-170.

Tonia, T., Van Oyen, H., Berger, A., Schindler, C., and Künzli, N. (2016). If I tweet will you cite? The effect of social media exposure of articles on downloads and citations. *International Journal of Public Health*, *61*(4), 513-520.

Tseng, V. (2012). Studying the use of research evidence in policy and practice. *Social Policy Report*, *26*(2), 3-16.

Tversky, A., and Kahneman, D. (1974). Judgment under uncertainty: Heuristics and biases. *Science*, *185*(4157), 1124-1131.

U.S. Census Bureau. (2013). *American Community Survey Demographic and Housing Estimates: 2011-2013 American Community Survey 3-Year Estimates*. Available: http://factfinder.census.gov/faces/tableservices/jsf/pages/productview.xhtml?pid=ACS_13_3YR_DP05&prodType=table [August 6, 2016].

van der Linden, S.L., Clarke, C.E., and Maibach, E.W. (2015). Highlighting consensus among medical scientists increases public support for vaccines: Evidence from a randomized experiment. *BMC Public Health*, *15*(1), 1.

Visschers, V.H.M., and Siegrist, M. (2012). Fair play in energy policy decisions: Procedural fairness, outcome fairness and acceptance of the decision to rebuild nuclear power plants. *Energy Policy*, *46*, 292-300.

Visschers, V.H.M., and Siegrist, M. (2013). How a nuclear power plant accident influences acceptance of nuclear power: Results of a longitudinal study before and after the Fukushima disaster. *Risk Analysis, 33*(2), 333-347. doi:10.1111/j.1539-6924.2012.01861.x.

Viswanath, K. (2006). Public communications and its role in reducing and eliminating health disparities. In G.E. Thomson, F. Mitchell, and M.B. Williams (Eds.), *Examining the Health Disparities Research Plan of the National Institutes of Health: Unfinished Business* (pp. 215-253). Washington, DC: The National Academies Press.

Volk, R.J., Jibaja-Weiss, M.L., Hawley, S.T., Kneuper, S., Spann, S.J., Miles, B.J., and Hyman, D.J. (2008). Entertainment education for prostate cancer screening: A randomized trial among primary care patients with low health literacy. *Patient Education and Counseling, 73*(3), 482-489.

Vosniadou, S., and Brewer, W.F. (1992). Mental models of the earth: A study of conceptual change in childhood. *Cognitive Psychology, 24*(4), 535-585.

Wakefield, M., Flay, B., Nichter, M., and Giovino, G. (2003). Effects of anti-smoking advertising on youth smoking: A review. *Journal of Health Communication, 8*(3), 229-247.

Wakefield, M.A., Loken, B., and Hornik, R.C. (2010). Use of mass media campaigns to change health behaviour. *The Lancet, 376*(9748), 1261-1271.

Wallack, L. (1993). *Media Advocacy and Public Health: Power for Prevention*. Newbury Park, CA: SAGE Publications.

Wallsten, T.S. (1990). Measuring vague uncertainties and understanding their use in decision making. In G.M. von Furstenberg (Ed.), *Acting under Uncertainty: Multidisciplinary Conceptions* (pp. 377-398). Dordrecht, The Netherlands: Springer.

Watts, D.J., and Dodds, P.S. (2007). Influentials, networks, and public opinion formation. *Journal of Consumer Research, 34*(4), 441-458.

Weiss, C.H. (1988). Evaluation for decisions: Is anybody there? Does anybody care?. *Evaluation Practice, 9*(1), 5-19.

Whitfield, S.C., Rosa, E.A., Dan, A., and Dietz, T. (2009). The future of nuclear power: Value orientations and risk perception. *Risk Analysis, 29*(3), 425-437.

Winterbottom, A., and Bekker, H.L. (2009). Should patient stories be used in decision aids?. In A. Edwards and G. Elwyn (Eds.), *Shared Decision-making in Health Care: Achieving Evidence-based Patient Choice* (pp. 217-222). New York: Oxford University Press.

Winterbottom, A., Bekker, H.L., Conner, M., and Mooney, A. (2008). Does narrative information bias individuals' decision making? *Social Science & Medicine, 67*(12), 2079-2088.

Witzling, L., Shaw, B., and Seiler, D. (2016). Segmenting boaters based on level of transience: Outreach and policy implications for the prevention of aquatic invasive species. *Biological Invasions, 18*(12), 3635-3646.

Wolfe, M., Jones, B.D., and Baumgartner, F.R. (2013). A failure to communicate: Agenda setting in media and policy studies. *Political Communication, 30*(2), 175-192.

Wynne, B. (1989). Sheep farming after Chernobyl: A case study in communicating scientific information. *Environment Magazine, 31*(2), 10-15, 33-39.

Yankelovich, D. (1991). *Coming to Public Judgment: Making Democracy Work in a Complex World*. Syracuse, NY: Syracuse University Press.

Yearley, S. (2005). *Making Sense of Science*. London, UK: SAGE Publications.

Yeo, S.K., Xenos, M.A., Brossard, D., and Scheufele, D.A. (2015). Selecting our own science: How communication contexts and individual traits shape information seeking. *The ANNALS of the American Academy of Political and Social Science, 658*(1), 172-191.

Zikmund-Fisher, B.J. (2013). The right tool is what they need, not what we have: A taxonomy of appropriate levels of precision in patient risk communication. *Medical Care Research and Review, 70*(Suppl. 1):37S-49S.

附录A　科学传播学会议议程

科学传播学第一次会议议程

时间：2015 年 12 月 17～18 日（公开会议）

9:00　任务陈述：资助者视角

9:00　开幕致辞（科学传播学委员会主席艾伦·莱什纳）

9:05　介绍任务陈述（艾伦·莱什纳）

9:10　丽塔·艾伦基金会伊丽莎白·克里斯托弗森

气候中心保罗·汉勒

9:20　帕卡德基金会查德·英格利希

9:30　问答及科学传播学委员会成员讨论（主持人：艾伦·莱什纳）

9:45　科学传播从业者视角（主持人：科学传播学委员会主席艾伦·莱什纳）

引导性问题：对任何话题进行科学传播的主要挑战是什么？对于成为争议性议题进行科学传播的额外挑战是什么？解决这些传播方面的挑战的有前景的方法或实践是什么？有什么证据？对重要的社会议题来说，为对科学进行有效的传播，有什么是需要我们去更好地加以理解的？

每个发言人有 25 分钟（15 分钟发言，10 分钟问答），以及一般性讨论的时间。

公众参与

9:45 辐射的风险（加利福尼亚大学戴维斯医学院、美国国家辐射防护与测量委员会杰罗尔德·布希博格）

10:10 食品安全与营养（霍金路伟律师事务所乔·莱维特）

10:35 一般性讨论

媒体

10:55 《纽约时报》、布朗大学科妮莉亚·迪安

11:20 美国国家公共广播电台理查德·哈里斯

11:45 一般性讨论

对参与的支持

12:05 公众理解科学委员会布鲁克·史密斯

12:30 午餐（在会议室就餐）

13:30 决策科学、政治科学以及科学与社会关系的视角（主持人：委员会主席艾伦·莱什纳）

引导性问题：对任何话题进行科学传播的主要挑战是什么？对于成为争议性的议题进行科学传播的额外挑战是什么？解决这些传播方面的挑战的有前景的方法或实践是什么？有什么证据？对重要的社会议题来说，为对科学进行有效的传播，有什么是需要我们去更好地加以理解的？

13:30 卡内基–梅隆大学巴鲁克·费斯科霍夫

13:45 问答

14:00 康奈尔大学布鲁斯·莱温斯坦

14:15 问答

14:30 密歇根大学亚瑟·卢皮亚

14:45 问答

15:00 一般性讨论

15:45 茶歇、闭幕式

科学传播学委员会第二次会议议程

时间：2016 年 2 月 24～25 日

2016 年 2 月 24 日，星期三，公开会议

10:15　参与科学的公共辩论

在重要的社会议题方面，与科学传播相关的大多数可获取的文献都隶属于一个单一的议题领域，比如气候变化、免疫、肥胖、水力压裂、核能、转基因生物等。这个专题小组是科学传播学委员会更大的努力的一部分，以在公共决策和辩论中涉及科学的一系列争议中采集信息。要求每个发言人对下列问题进行回应：

• 主要争议是什么？科学的角色是什么？哪些因素（比如，心理学的、社会的、文化的、政治的、经济的、媒体相关的、传播相关的或者其他情境化因素）对相关的科学是如何被理解、被认知以及被使用的产生了影响（比如，影响了决策或其他行为？）

• 从传播科学以防止出现争议的实践方面及争议过程中对科学进行传播的成功实践或不成功的实践方面，我们学到了哪些可用于其他争议的经验？

• 为给同争议性社会议题相关的科学进行传播的方法提供指导，有哪些重要且具有经验基础的研究问题？

10:15　致欢迎词以及介绍科学传播学委员会主席艾伦·莱什纳

（每个发言之后有问答环节及讨论）

10:20　麻省理工学院塞斯·姆努金

10:40　北卡罗来纳大学教堂山分校诺埃尔·布鲁尔

11:00　乔治·梅森大学埃德·梅巴克

11:20　讨论

11:45　午餐

2016年2月25日，星期四，公开会议

9:05　为与争议性社会议题相关的科学进行科学传播

在对政策进行科学传播方面已经有大量的文献，这些文献已经提供了很多理论、分析和建议，但是很少有可兹利用的研究去理解科学是如何传播和使用的，以及如何在政策情境下进行有效的传播以支持对这些研究的采用。这个专题小组的目的是，协助科学传播学委员会来决定在对隶属于社会议题的政策进行科学传播、在公共领域中存在争议的决定方面，什么才是我们最需要去理解的。尤其是：

• 有效的科学传播对于科学政策来说很重要吗？如果是，它如何重要？

• 在政策领域中，科学的受众是谁？在这些受众中，传播会有何不同？

• 在政策科学方面，可信赖的信息来源是什么？是什么让它们变得可信？

• 在政策领域中，科学证据的局限性是什么？

• 在对于争议性议题相关的科学进行传播时，最大的挑战是什么？

• 在对科学进行传播方面，有成功的案例吗？有并不成功的案例吗？

• 根据某个议题是否具有高度的公众关注度和政治敏感性，对科学进行传播的方法应该有何不同？

9:05　致欢迎词以及介绍科学传播学委员会主席艾伦·莱什纳

（每个发言之后会有公开的评论及讨论）

9:10　国家海洋和大气管理局里克·史宾拉德

9:20　Republic En 鲍勃·英格利斯

9:30　4Pir2 传播公司布赖恩·贝尔德

9:40　亚利桑那州立大学丹尼尔·沙尔威兹

9:50　美国科学促进会拉什·霍尔特

10:00　讨论

10:45　茶歇

11:00　专题小组：对与争议性社会议题相关的科学进行传播的社交媒体和社交网络议题

通过社交媒体开展科学传播正在迅速地增加，然而在理解上尚不到位。在过去几年里，社交媒体平台（尤其是博客和推特）为科学家和科学传播者提供了与受众建立起关联、发出自己的声音并且直接地解决争议性议题的新方式。鉴于在利用社交媒体进行科学传播方面越来越大的可及性和到达率，本专题小组将来自于社交媒体和社交网络方面的研究人员及科学传播者聚于一堂，以讨论下列问题：

- 在利用社交媒体和社交网络来对同重要社会议题相关的科学进行传播方面，我们从研究中知道了哪些？
- 什么有可能会有效果或不太有效？在研究的视角和实践者的视角有哪些证据？
- 同争议性社会议题相关的社交媒体和社交网络的作用是什么？比如气候变化、转基因和疫苗？
- 在科学传播、对有效性及社会影响进行评估方面，同社交媒体和社交网络相关的研究的重要方向有哪些？

11:05　威斯康星大学麦迪逊分校多米尼克·布罗萨德

11:20　西北大学诺什·康特拉克特

11:35　美国国家生物技术信息中心、美国国立卫生研究院希尔达·巴斯琴

11:50　讨论

12:15　午餐（继续非正式讨论）

附录B 科学传播学委员会成员及工作人员简介

艾伦·莱什纳（Alan Leshner，主席），美国科学促进会首席执行官，《科学》前执行社长，美国国立卫生研究院药物滥用研究所前所长，此前还担任过美国国家心理健康研究所副所长和所长，以及美国国家科学基金会的一些职务。在加入政府部门之前，莱什纳博士是巴克内尔大学的心理学教授，是美国科学促进会、美国人文与科学院、美国国家行政学会和其他一些专业学会的会员，也是美国国家医学院（此前的美国医学研究所）理事会成员。2004 年，乔治·布什总统任命艾伦·莱什纳为美国国家科学委员会成员。2011 年，奥巴马总统再次任命他为该委员会成员。莱什纳拥有富兰克林·马歇尔学院的理学学士学位，罗格斯大学的生理心理学硕士、博士学位，并同时拥有 7 个科学荣誉博士学位。

迪特拉姆·朔伊费勒（Dietram Scheufele，副主席），威斯康星大学麦迪逊分校生命科学传播学院教授，威斯康星大学麦迪逊分校及莫格里奇研究所维拉斯杰出成就教授。自 2013 年起，获德国德累斯顿工业大学荣誉教授。朔伊费勒博士是美国科学促进会、国际传播学会、德国国家科学与工程院会员。他是康奈尔大学的终身教员，哈佛大学的肖伦斯特会员，宾夕法尼亚大学安纳伯格公共政策中心访问学者。朔伊费勒拥有威斯康星大学麦迪逊分校新闻学和大众传播学硕士、博士学位。

艾米丽·巴克斯（Emily Backes，项目副主管），就职于美国国家科学院、工程院和医学院，协助开展提升儿童的认知、情感和行为（C-CAB）健康论坛项目，并且负责该项目的信息协作工作。她为少年司法改革、法医学、非法烟草市场、科学素养和科学传播的科学提供分析和编辑方面的支撑。此前，她就职于人权委员会，负责不公平地囚禁科学家方面的案例研究，以及对科学和人权议题的文献进行整合。她于密苏里大学获得历史学学士和硕士学位，目前正在攻读哥伦比亚特区大学戴维·A. 拉克法学院的法学博士。

安·博斯特罗姆（Ann Bostrom），华盛顿大学丹尼尔·埃文斯公共政策与管理学院环保政策学讲席教授。1992～2007 年，她就职于乔治亚理工学院，并担任伊万·艾伦文理学院主管研究的副院长及公共政策系的教授。博斯特罗姆博士于 1999～2001 年与他人联合开展了国家科学基金会的决策风险和管理科学项目。她的研究领域聚焦于风险认知、传播和管理、环保政策及不确定性情况下的决策制定。博斯特罗姆是《风险研究》期刊的副主编，以及《风险分析和环境危害》的编委会成员。她是美国科学促进会的会员兼前任主席，是风险分析学会的会员。她分别于卡内基–梅隆大学获得公共政策分析博士学位，在西华盛顿大学获得工商管理硕士学位，在华盛顿大学获得学士学位。

万迪·德·布鲁因（Wändi Bruine de Bruin），英国利兹大学商学院行为决策专业主任，兼任决策研究中心联合主任，并与卡内基–梅隆大学、南加州大学及兰德公司有科研合作。布鲁因的研究方向是行为决策、人类决策能力的个体差异，以及风险感知和沟通。布鲁因博士是《风险研究》《应用心理学》《行为决策研究》《医学决策制定》《心理学与老龄化》等期刊的编委会成员，还是国际风险管理理事会（IRGC）的成员，该委员会为国际决策者提供以证据为导向的实际建议。布鲁因利用自己的专业知识为加拿大学院理事会及其他几个专家研讨会提供关于健康产品的风险报告。布鲁因拥有阿姆斯特丹自由大学理学士学位、卡内基–梅隆大学行为决策和心理学硕士、博士学位。

凯伦·库克（Karen Cook），斯坦福大学社会学教授，社会科学研究所所长，教师多元发展部副教务长。研究方向为社交网络、权力和影响力动态、群际关系、谈判策略、社会正义及社会关系信任。她的研究强调了信任在关系促进和创造网络资本方面的重要性，例如，医患互动及其对健康结果的影响。库克博士还参与编辑了罗素基金会系列中的一些书籍，是《不信任合作》的合著者，并参与编辑《社会心理学研究》。1996 年，她当选为美国人文与科学院院士，并于 2007 年当选为美国国家科学院院士。2004 年，她因社会心理学的专业贡献获美国社会学协会颁发的库里–米德奖。库克拥有斯坦福大学硕士、博士学位。

托马斯·迪亚兹（Thomas Dietz），密歇根州立大学社会学、环境科学与政策学院教授，五大湖综合科学与评估中心主任。迪亚兹是密歇根州立大学环境科学与政策项目的创始主任，社会科学及自然科学学院的副院长。他目前的研究方向是环境变化的人为因素、环境价值及环境问题中科学与民主之间的相互作用。迪亚兹博士是美国科学促进会成员，也是人类生态学会前任主席。曾获得美国生态学会颁发的可持续发展科学奖、美国社会学协会颁发的杰出贡献奖和杰出出版奖、人类生态学会颁发的杰拉德图书奖。迪亚兹拥有肯特州立大学学士学位和加州大学戴维斯分校生态学博士学位。

威廉·霍尔曼（William Hallman），罗格斯大学人类生态学院教授及系主任，新泽西州立大学营养科学系和规划与公共政策学院研究生院成员。2016 年秋季，任宾夕法尼亚大学安纳伯格公共政策中心访问学者，研究方向为食品、公共卫生和环境的舆论研究。霍曼博士是多个咨询小组和委员会的成员，近期还担任了美国食品与药品管理局风险沟通咨询委员会的主席，并参与编著了世界卫生组织及美国粮农组织联合编写的《食品安全风险手册》。霍曼还曾担任罗格斯大学食品政策研究所所长。霍曼拥有宾夕法尼亚州朱尼亚塔学院学士学位，南卡罗莱纳大学应用心理学学士和博士学位。

杰弗里·赫尼格（Jeffrey R. Henig），哥伦比亚大学社会政治与教育学院政治学及教育学教授，美国国家教育学院和美国教育研究协会成员，研究方向为政治与社会科学的跨学科研究。赫尼格曾参与11本专著的编著工作，其2008年的著作《旋转周期：政策辩论研究——以特许公立学校为例》获美国教育研究协会优秀图书奖，另有两本著作得到美国政治科学协会城市政治部的认可。除学术出版物之外，赫尼格还常在一些大众刊物上发表关于当代政策的时政文章。赫尼格拥有美国西北大学政治学博士学位。

罗伯特·霍尼克（Robert Hornik），宾夕法尼亚大学安纳伯格传播学院传播学及卫生政策学教授。自2013年以来，霍尼克一直担任宾夕法尼亚州烟草监管科学中心联合主任，这是美国首家烟草监管科学研究中心，旨在为烟草制品的监管提供信息，保护公众健康。霍尼克博士还参与领导了宾夕法尼亚大学癌症传播研究中心（2003～2014年），研究方向为癌症预防、筛查和治疗、年轻人的吸烟习惯，以及民众首选的沟通方式的开发和验证。霍尼克博士拥有公共卫生传播干预措施和媒体曝光影响研究方法的专业知识，拥有斯坦福大学传播学学士和博士学位。

安德鲁·梅纳德（Andrew Maynard），亚利桑那州立大学社会创新学院教授，风险创新实验室主任，专注于技术创新背景下的风险思考和行动。梅纳德的研究探索了新兴技术的开发和使用，包括纳米技术与合成生物学、科学传播和公众参与等问题。他的研究论文被广泛发表，并多次在美国国会为纳米技术政策和纳米技术风险相关研究作证。梅纳德博士是《自然·纳米技术》期刊专栏的定期撰稿人，是《创新》期刊的编委会成员。他与新旧媒体密切合作，通过技术创新和风险科学与世界各地的读者建立联系。梅纳德拥有伯明翰大学物理学学士和剑桥大学气溶胶物理学博士学位。

马修·尼斯比特（Matthew Nisbet），美国东北大学传播学副教授、公共政策和城市事务副教授。尼斯比特是《环境传播》期刊的主编，也是《牛津研究百科·气候科学卷》的创始编辑之一，研究方向为沟通、媒体和公众舆论在科学、技术和环境中的作用。他是70多篇同行评审研究、学术著作和报告的作者，曾任哈佛大学肯尼迪政府学院的访问研究员，罗伯特·强生基金会的卫生政策研究员，及谷歌科学传播研究员。2011年，《自然》期刊将尼斯比特的研究推荐为“对气候变化感兴趣的读者的必读物”，《新共和》期刊强调他的工作“对气候变化做出了重要剖析”。尼斯比特为美国科学促进会、美国国家科学院、霍华德·休斯医学研究所、美国公共广播公司、美国疾病控制与预防中心及其他公共和私营部门的顾问。尼斯比特拥有康奈尔大学传播学硕士、博士学位。

艾伦·彼得斯（Ellen M. Peters），俄亥俄州立大学心理学教授，决策科学协会主任，研究方向为人类决策的基本构建模块，特别是情感、直觉和审议对人类在复杂世界里做出决策的影响。彼得斯博士撰写了100多篇经过同行评审的手稿，并与美国国家癌症研究所、食品与药品管理局广泛合作，推进人类决策科学在健康方面的运用。她还是美国决策协会的前任主席，美国食品与药品管理局风险沟通咨询委员会前主席，美国心理学会、心理科学协会和实验心理学学会的研究员。彼得斯曾获得简·贝蒂科学奖、国家健康奖学金奖、风险分析两项最佳论文奖。彼得斯拥有宾夕法尼亚大学经济学学士和俄勒冈大学心理学博士学位。

霍利·罗兹（Holly Rhodes），项目主管，多次指导并参与国家各学院项目，包括早期护理和教育劳动力研讨会、家庭研究传播项目及早期儿童数学学习研究。在进美国国家科学院工作之前，罗兹曾任罗切斯特理工大学国际学院国家学前课程评估研究项目的项目副主任。罗兹拥有北卡罗来纳大学教堂山分校教育硕士、博士学位。

西尔维亚·罗薇（Sylvia Rowe），SR战略主席，该战略广泛促进全球健康、营养、食品安全和风险问题的科学传播和政策。她还是马萨诸塞州阿默斯特大学和塔夫茨大学里德曼营养科学与政策学院的兼职教授。罗薇是一位经验丰富的传播学从业者，在与食品、营养和健康相关的政策问题方面才华出众，她曾担任国际食品信息委员会（IFIC）和国际食品信息委员会基金会的总裁兼首席执行官，是国际妇女领导论坛和全国新闻俱乐部以及其他专业团体的成员。罗薇在问题管理方面的专业知识体现在她作为一个电视和电台谈话节目制作人在社会经济等方面的专业水平。此前，她还曾在多个不同协会的公共关系、市场营销和会员发展方面担任过职务。罗薇女士拥有韦尔斯利学院的学士学位和哈佛大学的硕士学位。

梅丽莎·韦尔奇-罗斯（Melissa Welch-Ross），研究主任，国家科学院行为与社会科学和教育部门主任。她指导过国家科学院的许多主题活动，包括扫盲教育、语言发展、儿童虐待忽视、交通系统和科学传播。在加入美国国家科学院之前，她曾担任美国卫生和公共服务部的研究和政策专家。她早些时候在美国国立卫生研究院为国家儿童健康和人类发展研究所发起并指导了早期学习与学校准备研究计划。她曾在乔治·梅森大学和佐治亚州立大学担任教职，并在幼儿期儿童中开展了关于记忆发展的研究。此前，她曾在美国教育部担任行政部门科学政策研究员，并获得美国儿童发展研究促进科学和社会协会的赞助。韦尔奇-罗斯是2007年《沟通和传播行为科学手册》的主编，拥有佛罗里达大学心理学博士学位。